Colección
----ESCUELA TRANSFORMADORA----

Iafrancesco Villegas, Giovanni Marcello
     Currículo y plan de estudios: estructura y planeamiento / Giovanni M. Iafrancesco V. — Bogotá : Cooperativa Editorial Magisterio, 2004.
     176 p. ; 24 cm. — (Colección Escuela Transformadora)
     Incluye bibliografía.
     1. Currículo 2. Planificación curricular 3. Desarrollo curricular I. Tít. II. Serie
     375 cd 20 ed.
     AHV1296

     CEP-Banco de la República-Biblioteca Luis-Angel Arango

CURRÍCULO Y PLAN DE ESTUDIOS

Estructura y planeamiento

Giovanni M. Iafrancesco V.

Colección
----ESCUELA TRANSFORMADORA----

CURRÍCULO Y PLAN DE ESTUDIO

Estructura y planeamiento

© **Autor**　　GIOVANNI M. IAFRANCESCO V.

Libro ISBN:　　978-958-20-0768-3

Primera edición:　Año 2004.
Segunda edición:　Año 2011.

© *COOPERATIVA EDITORIAL MAGISTERIO*　Diag. 36 Bis No. 20-70 PBX: 3383605
Bogotá, D.C. Colombia.
www.magisterio.com.co

Dirección General　*ALFREDO AYARZA BASTIDAS*

CONTENIDO

Presentación 9

Capítulo 1
Contextualización en
una nueva concepción curricular. 15

Capítulo 2
Currículo integral e interdisciplinario 29

Capítulo 3
Tendencias curriculares. 37

Capítulo 4
El currículo como soporte del proyecto
cultural de los centros educativos. 49

Capítulo 5
El diseño y el desarrollo curricular 57

Capítulo 6
El proceso de planeamiento curricular. 67

Capítulo 7
La selección y la organización del plan
de estudios en la gestión curricular 79

Capítulo 8
Las características del currículo. 91

Capítulo 9
Propuesta para estructurar el currículo
y el plan de estudios 97

Capítulo 10
El papel del currículo en la transformación escolar 111

Capítulo 11
El papel del directivo docente
y del docente en la gestión curricular .121

Capítulo 12
Los principales problemas en
las transformaciones curriculares 133

Capítulo 13
La investigación evaluativa aplicada a
la gestión curricular y al plan de estudios. 143

Capítulo 14
Lineamientos curriculares, competencias,
desempeños, logros e indicadores de logro 153

Bibliografía 159

PRESENTACIÓN

En el cuarto libro de la serie *Escuela Transformadora "Nuevos funda-mentos para la transformación curricular: a propósito de los estándares"*, del mismo autor, presentamos una nueva propuesta de concepto de currículo, reflexionamos acerca de la teoría y la estructura curricular, abordamos los nuevos contextos curriculares y sus fundamentos y establecimos las relaciones pertinentes: currículo-desarrollo humano, currículo-conducta humana, currículo-socie-dad-cultura, currículo-estructura mental, currículo-convivencia inteligente, currículo-aprendizaje significativo, currículo-compe-tencias cognitivas básicas, currículo-funciones cognitivas, currí-culo-potencial de aprendizaje.

En este mismo libro se contextualizó y estructuró una concepción de currículo desde la perspectiva de una escuela transformadora y se caracterizaron las dimensiones, que desde los nuevos fundamentos, deben tenerse en cuenta a la hora de estructurar y consolidar un currículo transformador: antropológica, axiológica, ético-moral, formativa, biológica, psicológica, social, espiritual, cognitiva, estética, científica, epistemológica, metodológica, tecnológica, sociológica, interactiva, ecológica, investigativa, pedagógica, didáctica, administrativa y evaluativa.

Con estos contextos y dimensiones se reflexionó acerca de los nuevos factores que intervienen en las transformaciones curriculares de los centros educativos y se profundizó sobre ellos, pero no se establecieron estrategias, tipos, formas o diseños para poder abordar las prácticas curriculares que permiten la organización académica y formativa en los centros educativos y la estructuración y planeamiento del currículo y el plan de estudios en los mismos. Éste es el propósito de este libro *"El currículo y el plan de estudios: estructura y planeamiento"*, quinto libro de la *Serie Escuela Transformadora* desarrollado por Giovanni M. Iafrancesco V., autor de la propuesta y de la serie.

Para su desarrollo, este libro se ha organizado en 14 capítulos a través de los cuales los directivos docentes y docentes pueden inspirarse para estructurar y planear el currículo y el plan de estudios institucional.

En el capítulo 1 se hace un recorrido histórico de las concepciones y prácticas curriculares realizadas en el Siglo XX y a comienzos de este Siglo XXI y se propone una nueva concepción curricular de carácter holística que responde a los nuevos requerimientos de una educación de calidad.

En el capítulo 2 se reflexiona acerca de la importancia de estructurar currículos integrales e interdisciplinarios que permitan responder a los contextos, determinar propósitos de formación, analizar las situaciones reales en que el currículo se da, crear unidades didácticas integradoras, conformar bloques programáticos y definir los principios, criterios e indicadores evaluativos, como estrategia para cualificar los currículos escolares actuales.

En el capítulo 3 se revisan algunas tendencias curriculares, se analizan de dónde surgen y qué implicaciones tienen para la administración educativa y para la práctica pedagógica, para ayudar a asegurar el buen funcionamiento y pertinencia del currículo en las instituciones educativas.

En el capítulo 4 se reflexiona acerca de la función que tiene el currículo dentro de los centros educativos relacionada ésta con el desarrollo de proyectos culturales en los mismos. Se destacan algunos aspectos del currículo que apoyan y aportan al desarrollo de la cultura en el centro escolar: autogestión, protagonismo, compromiso, laboriosidad, renovación, productividad, democratización, criticidad, liberación, emancipación e innovación.

En el capítulo 5 se propone un modelo de proceso para diseñar y desarrollar el currículo que se centra en la formulación de objetivos, la selección de experiencias de aprendizaje y la definición de nucleos para la organización y la definición de los esquemas de alcance y secuencia de contenidos del plan de estudios.

En el capítulo 6 se proponen las fases que deben tenerse en cuenta para consolidar un proceso de planeamiento curricular que parte de los fines de la educación y finaliza en la estructuración de las unidades didácticas de enseñanza-aprendizaje y en la evaluación, sin descuidar el diagnóstico, los recursos, las actividades y los contenidos.

En el capítulo 7 se reflexiona acerca de las alternativas curriculares propuestas por Saylor y Alexander, Marshall y Goetz, Taba, Dewey y Alberty para la selección y organización del plan de estudios desde distintas formas de pensar la gestión curricular. El currículo de los grandes temas generales, el currículo basado en procesos sociales, el currículo pensado desde las funciones vitales, el currículo experimental y el currículo integral son estudiados y evaluados para apoyar las reflexiones y decisiones de los organizadores del currículo y del plan de estudios en las instituciones educativas.

En el capítulo 8 se definen algunas de las principales características de un currículo moderno. Entre éstas, se hace énfasis en la inspiración antropológica, la participación comunitaria, la interdisciplinariedad, la flexibilidad, la coherencia, el realismo, la pertinencia, la proyección, la personalización y la gestión estratégica.

En el capítulo 9 se hace una propuesta para orientar la estructuración del currículo y el plan de estudios en la que se tiene en cuenta: la reseña histórica del currículo del centro educativo, los contextos exógeno y endógeno, el enfoque curricular, los objetivos, los perfiles, la estructuración del plan de estudios, las actividades de aula y extra-aula, las metodologías, los recursos, los criterios de evaluación y las tareas de formación, investigación, extensión y docencia.

En el capítulo 10 se define el papel que tiene el currículo en la transformación escolar, en especial en relación con: la estructuración de los centros educativos, la formación integral de los educandos, la respuesta a las necesidades del entorno social y de las transformaciones socio-culturales, la misión y la visión propia de cada institución educativa.

En el capítulo 11 se definen y caracterizan los roles que deben asumir los especialistas en currículo, los directivos docentes y los docentes en la gestión curricular, como ámbito de reflexión para cualificar las prácticas curriculares en la escuela, desde quienes las definen, planean, estructuran, desarrollan y evalúan.

En el capítulo 12 se plantean los principales problemas que surgen en las instituciones educativas a la hora de producir cambios educativos y transformaciones curriculares, con el propósito de preverlos y evitarlos.

En el capítulo 13 se presenta a la investigación evaluativa como una forma de ayudar a la organización de la gestión curricular y a la consolidación de los planes de estudio y de apoyar los procesos de auto evaluación, autorregulación y acreditación de los currículos de los centros educativos. Se reflexiona sobre distintas formas evaluativas: intermedia, terminal, diagnóstica, formativa, sumativa, interna, externa, de procesos, de impacto, institucional, de programas, participativa y se presentan algunos modelos evaluativos analíticos y globales, que ayudan a cualificar la gestión curricular, entre ellos: el modelo CIPP, el modelo de referentes específicos, el modelo focalizado y el modelo iluminativo.

En el capítulo 14 se hace una relación entre los lineamientos curriculares, las competencias, los desempeños, los logros e indicadores de logro y los estándares curriculares para tratar de identificar el papel de cada uno de ellos en la gestión curricular y en el desarrollo y evaluación de los planes de estudio y los contenidos del aprendizaje propuesto en las escuelas, como una forma de ayudar al docente a esclarecer el entramado que hay entre ellos a la hora de trabajarlos pedagógica y didácticamente en el aula.

Los invitamos a la lectura crítica constructiva de este libro, a la reflexión y a contribuir desde él, a dinamizar la teoría y la práctica curricular en las instituciones. De los cambios curriculares surgen cambios educacionales y en consecuencia, transformaciones sociales y culturales. Vale la pena repensar el currículo y actualizar la forma de estructurarlo y operarlo en los planes de estudio. Consideramos que este libro aporta elementos para poder realizar esta tarea.

El autor

CONTEXTUALIZACIÓN EN UNA NUEVA CONCEPCIÓN CURRICULAR

La palabra *currículum* es una voz latina que se deriva del verbo *curro* y que quiere decir *carrera*. En términos operativos, lo que se debe hacer para lograr algo; por lo que hay que pasar para llegar a una meta prevista.

El término currículum fue utilizado por primera vez en un título de texto en la literatura pedagógica por Franklin Bobbit en su libro *How to make a curriculum* en 1924. Sin embargo, Shane (1981) en su libro *Signiticants Writtings that have influenced the curriculum* opina que los diez escritos más significativos que han influido sobre el concepto, la definición y el desarrollo del currículum en el siglo XX son:

1. John Dewey, en 1916 en su libro *Democracy and education*.
2. NEA. Commision of the reorganization of secundary education en el libro *Cardinal principles of secundary education*, 1918.
3. William H. Kilpatrick, en 1918, en su libro *The project method*.
4. The Progressive Education Association Platform y The Educational Policies Commission, en 1919, en su libro. *The purposes of education in american democracy* (revisado en 1938).
5. Franklin Bobbitt, en 1924, en su libro *How to make a curriculum* (ya citado).
6. George S. Counts, en 1932, en su libro *Dare the school build a new social order?*
7. Ralph W. Tyler, en 1949, en su *libro Basic principles of curriculum and instruction*.
8. Robert Havighurst, en 1950, en su libro *Developmental tasks and education*.
8. Benjamin Bloom, en 1956, en su libro *Taxonomy of educational objectives: Cognitive domain*.
10. Jerome S. Bruner, en 1960, en su libro *The process of education*.

Basados en los estudios relevantes de los autores y los libros citados, existen en la actualidad muchas definiciones de currículum desde las cuales se opera el campo específico del mismo. Estas definiciones pueden ser muy generales y vagas, o bien, muy específicas y puntuales, como también holísticas y estructurales.

En el cuadro siguiente se puede apreciar por décadas y autores las tendencias curriculares:

Década	Autores	Tendencias
De los 50	– Saylor y Alexander (1954)	Calificar los resultados escolares
	– Smith, Stanley y Shores (1957)	Disciplinar la escuela y a los escolares, desde el pensamiento y el trabajo grupal

Década	Autores	Tendencias
De los 60	– Kearney y Cook (1960)	Aprendizaje guiado.
	– Dottrens (1962)	Programación escolar.
	– Johnson (1967)	Guía educativa y de enseñanza.
De los 70	– Taba (1973)	Preparación cultural.
	– Rule (1974)	Experiencias escolares y de aprendizaje.
	– King (1976)	Psicopedagogía cultural.
	– Beauchamp (1977)	Planeación institucional.
	– Glazman y De Ibarrola (1978)	Objetivos, unidades y dominios de aprendizaje.
	– Yung (1979)	Distribución social del conocimiento.
De los 80	– Bernstein (1980)	Conocimiento educativo considerado público.
	– Acuña (1980) – Glazman y Figueroa (1980) – Díaz - Barriga (1981)	Adaptación social.
	– Heubner (1981) – Mc Neil (1983)	Acceso al conocimiento.
	– Arredondo (1981)	Contextos, fines y objetivos educativos, recursos y medios para lograrlos.
	– Schuber (1985)	Materias, actividades, tareas, conocimientos, valores y actividades por desarrollar.
	– Whitty (1986)	Respuesta a valores y creencias sociales.
	– Apple (1986)	Selección, organización y evaluación de conocimientos.
	– Grundy (1987)	Organización de prácticas evaluativas.

Década	Autores	Tendencias
De los 90	– Sarramona (1987)	Programación de actividades socialmente aprobadas.
	– Armaz (1989)	Plan institucional de enseñanza-aprendizaje.
	– Sacristán (1991)	Conjunto temático abordable interdisciplinariamente.
Siglo XXI comienzos	– J. Torres (1992)	Lo explícito (intenciones, normas, contenidos) y lo oculto (valores, actitudes, conocimientos y destrezas) que se enseñan y se aprenden.
	– Lundgren (1992)	Fines, contenidos, destrezas y métodos de la enseñanza.
	– Iafrancesco (2001)	Principios, propósitos, y procesos de formación integral y social y medios para lograrla.

Entre las principales definiciones de currículum utilizadas aún por algunos autores importantes y en la gran mayoría de países, pueden citarse en orden cronológico:

Década de los 50

Para Saylor y Alexander (1954):
El currículum es el esfuerzo total de la escuela para lograr los resultados deseados en las situaciones escolares y extraescolares.

Para B. O. Smith, Stanley y Shores (1957):
El currículum es una secuencia de experiencias posibles instituidas en la escuela con el propósito de disciplinar la niñez y la juventud, enseñándoles a pensar y a actuar en grupos.

Década del 60

Para Kearney y Cook (1960):
El currículum son todas las experiencias que un aprendiz tiene bajo la guía de la escuela.

Para Dottrens (1962):
El currículum es un documento con un plan detallado del año escolar en término de programa.

Para Johnson (1967):
El currículum es una amplia guía educacional y de la enseñanza para los profesores.

Década del 70

Para Hilda Taba (1973):
El currículum es una manera de preparar a la juventud para participar como miembro útil en nuestra cultura.

Rule (1974): haciendo un recorrido histórico de las definiciones de currículo presentadas en la literatura especializada norteamericana, expone estas definiciones:

El currículo es la guía de las experiencias que el alumno puede obtener en la escuela.

El currículum son las experiencias de aprendizaje planificadas, dirigidas o bajo revisión de la escuela, ideadas y ejecutadas u ofrecidas por la escuela para lograr determinados cambios en los alumnos.

El currículum son las experiencias que la escuela utiliza con la finalidad de alcanzar determinados objetivos.

El currículum es la definición de los contenidos de la educación.

El currículum son los objetivos, planes, propuestas y contenidos de la enseñanza.

El currículum es el reflejo de la herencia cultural.

El currículum es el programa de la escuela que contiene contenidos y actividades que permiten lograr los objetivos propuestos para el aprendizaje.

Para King (1976):
El currículum es, antes que otra cosa, la selección cultural estructurada bajo claves psicopedagógicas de esa cultura que se ofrece como proyecto para la institución escolar.

Para Beauchamp (1977):
El currículum es un documento diseñado para la planeación instruccional.

Para Glazman y De Ibarrola (1978):
El currículum es el conjunto de objetivos de aprendizaje, operacionalizados, convenientemente agrupados en unidades funcionales y estructuradas de tal manera que conduzcan a los estudiantes a alcanzar un nivel de dominio, que normen eficientemente las actividades de enseñanza y aprendizaje que se realizan bajo la dirección de la institución educativa responsable, y permitan la evaluación de todo el proceso de enseñanza.

Para Young (1979):
El currículum es el mecanismo a través del cual el conocimiento se distribuye socialmente.

Década del 80:

Para Bernstein (1980):
El currículum son las formas a través de las cuales la sociedad selecciona, clasifica, distribuye, transmite y evalúa el conocimiento educativo considerado público.

Bernstein considera que el currículo refleja la distribución del poder y los principios de control social.

Para Acuña (1980), Glazman y Figueroa (1980), y Díaz-Barriga (1981):
El currículum es el proceso dinámico de adaptación al cambio social en general y al sistema educativo en particular.

Para Heubner (1981) y para McNeil (1983):
El currículum es la forma para acceder al conocimiento.

Para Arredondo (1981):
El currículum es el resultado de:

a. El análisis y reflexión sobre las características del contexto, del educando y de los recursos;
b. La definición, tanto explícita como implícita de los fines y los objetivos educativos;
c. La especificación de los medios y los procedimientos propuestos para asignar racionalmente los recursos humanos, materiales, informativos, financieros, temporales, y organizativos, de manera que se logren los fines propuestos.

En la más reciente edición del Diccionario de la Real Academia, se define el currículo como el conjunto de estudios y prácticas destinadas a que el alumno desarrolle plenamente sus posibilidades.

Schuber (1985) también plantea las definiciones de currículum que ha encontrado más válidas:

El currículum es el conjunto de conocimientos o materias a superar por el alumno dentro de un ciclo, nivel educativo o modalidad de enseñanza.

El currículum es el programa de actividades planificadas, debidamente secuencializadas, ordenadas metodológicamente.

El currículum es el resultado pretendido de aprendizaje.

El currículum es la plasmación del plan reproductor para la escuela que tiene una determinada sociedad, que contiene conocimientos, valores y actitudes.

El currículum es la experiencia recreada en los alumnos a través de la cual puedan desarrollarse.

El currículum son las tareas y destrezas a ser dominadas en la formación profesional y laboral.

El currículum es el programa que proporciona contenidos y valores para que los alumnos mejoren la sociedad en orden a la reconstrucción social de la misma.

Para Whitty (1986):
El currículum es aquella invención social que refleja elecciones sociales conscientes e inconscientes, concordantes con los valores y creencias de los grupos dominantes en la sociedad.

Para Apple (1986):
El currículum es el conocimiento abierto y encubierto que se encuentra en las situaciones escolares y los principios de selección, organización y evaluación de este conocimiento.

Para Grundy (1987):
El currículum no es un concepto... es un modo de organizar una serie de prácticas educativas.

Para Sarramora (1987):
El currículum es el conjunto de las actividades socialmente aprobadas e instauradas en los centros docentes en orden a intentar conseguir el desarrollo de los jóvenes, los cuales no serían nada sin la educación mientras que gracias a ella se van a convertir en personas y miembros activos de la sociedad en que nacieron.

Para José A. Arnaz (1987):
El currículum es el plan que norma y conduce, explícitamente, un proceso concreto y determinado de enseñanza- aprendizaje que se desarrolla en una institución educativa.

Década del 90

Para Gimeno Sacristán (1991):
El currículum es el elemento nuclear de referencia para analizar lo que la escuela es de hecho como institución cultural, y a la hora de diseñar en proyecto alternativo de institución. Viene a ser como un conjunto temático, abordable interdisciplinariamente, que hace de núcleo de aproximación a otros muchos conocimientos y aportes sobre la educación.

Para Jurjo Torres (1992):
El currículum es explícito y oculto: el currículum explícito u oficial son las intenciones que, de manera directa, indican tanto las normas legales, los contenidos mínimos obligatorios o los programas oficiales, como los proyectos educativos del centro escolar.

El currículum oculto son todos aquellos conocimientos, destrezas, actitudes y valores que se adquieren mediante la participación en procesos de enseñanza y aprendizaje, y en general, en todas las interacciones que se sucedan día a día en las aulas y centros de enseñanza.

Para U. P. Lundgren (1992):
El currículum es:

a. Una selección de contenidos y fines para la reproducción social, una selección de qué conocimientos y qué destrezas han de ser transmitidos por la educación;
b. Una organización del conocimiento y las destrezas;
c. Una indicación de métodos relativos a cómo han de enseñarse los contenidos seleccionados. Por lo tanto, el currículum es el conjunto de principios sobre cómo debe seleccionarse,

organizarse y transmitirse el conocimiento y las destrezas en la institución escolar.

Para el Ministerio de Educación Nacional de la República de Colombia, el currículum es, según el artículo 76 del capítulo II de la Ley 115 de febrero 8 de 1994, el conjunto de criterios, planes de estudio, programas, metodologías y procesos que contribuyen a la formación integral y a la construcción de la identidad cultural nacional, regional y local, incluyendo también los recursos humanos, académicos y físicos para poner en práctica las políticas y llevar a cabo el Proyecto Educativo Institucional.

Si revisamos todas las definiciones anteriores nos podemos dar cuenta de las diferentes tendencias curriculares, de los distintos enfoques y paradigmas en los cuales se contextualizan y de las diversas concepciones y formas como podría operacionalizarse en la práctica educacional y pedagógica. No existe, pues, una definición estática del currículo, lo que indica que aún existe problemática curricular, investigación en procesos curriculares y está clara la perspectiva del desarrollo curricular.

Por las definiciones anteriores nos podemos dar cuenta de los énfasis en la concepción del currículo, ligados a la función social de la educación, las tareas pedagógicas, los planes de estudios, los procesos de enseñanza-aprendizaje, las actividades escolares, los contenidos de la enseñanza, los métodos de adquisición de los conocimientos, los recursos humanos y físicos de que se vale la educación formal, los planes de estudio con sus programas y asignaturas, los procesos de formación de los educandos, las políticas educativas institucionales, los fines de la educación, los contextos en los cuales se mueven las escuelas y los procesos educacionales, etc. Esto nos indica que el problema del currículo no está resuelto y que es muy difícil definirlo, aunque podamos conceptualizar sobre él.

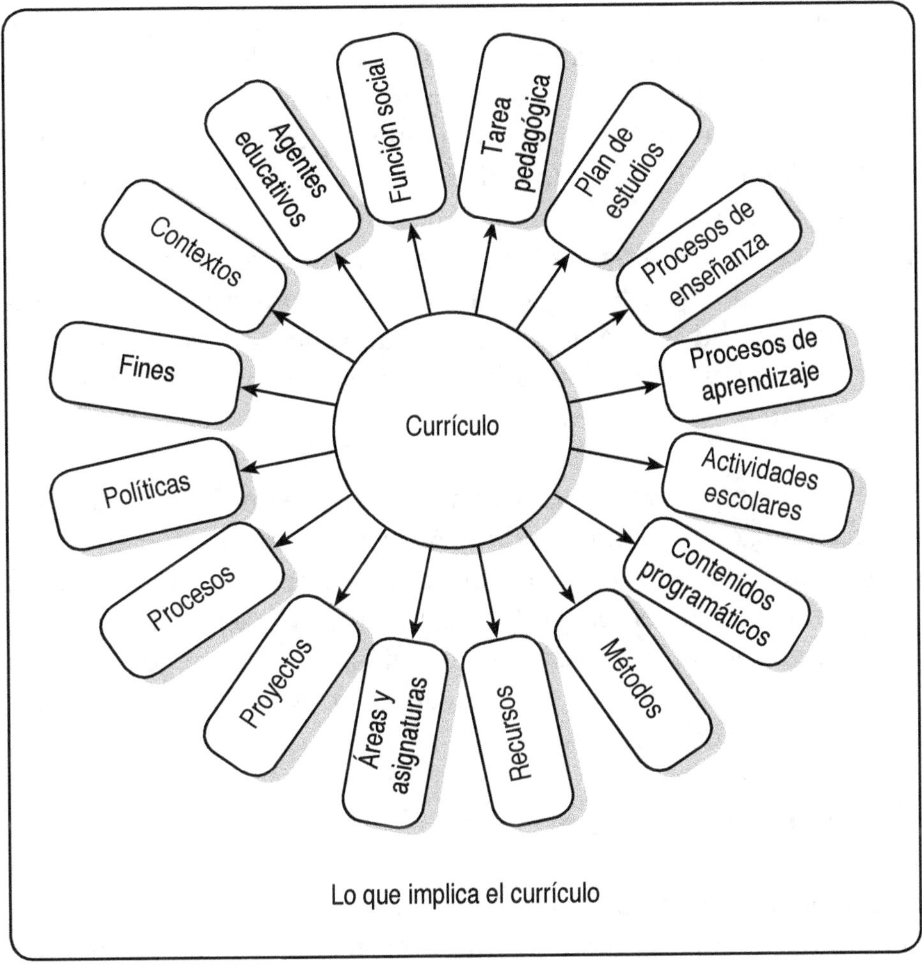

Por todo lo visto, podríamos hacer una síntesis de las posturas curriculares y las definiciones que hay en torno al currículum, y de acuerdo con J. Gimeno Sacristán (1991) que considera al currículum como una reflexión sobre la práctica educativa y pedagógica, podríamos concluir que:

1. El *currículum* es la expresión de la función socializadora de la escuela.
2. El *currículum* es un instrumento que genera toda una gama de usos, de suerte que es el elemento imprescindible para comprender lo que solemos llamar práctica pedagógica.

3. El currículum, además de lo anterior, está muy relacionado con el contenido de la profesionalidad de los docentes, lo que se entiende por buen profesor o educador, las funciones que se pide que se desarrolle dependen de la variación de los contenidos, finalidades y mecanismos de desarrollo curricular.

4. El currículum estructura componentes y determinaciones muy diversas: pedagógicas, políticas, prácticas administrativas, producción de diversos materiales, de control sobre el sistema escolar. Evaluativas, de innovaciones pedagógicas, etcétera.

Por lo anterior, el currículum, con todo lo que implica en cuanto a sus contenidos y formas de desarrollarlo, es un punto central de referencia en la mejora de la calidad de la educación (estándares) y de la enseñanza, en el cambio de las condiciones de la práctica, en el perfeccionamiento de los docentes, en la renovación de las instituciones escolares en general, en los proyectos de innovación de los centros educativos.

El currículo iniciando el siglo XXI

Luego de la revisión bibliográfica anterior, de ver cómo ha evolucionado la concepción curricular, de interpretar las definiciones de currículum dadas por los principales investigadores en esta temática desde 1954 hasta la fecha, y de contextualizarnos en el movimiento pedagógico actual mundial y latinoamericano y en la renovación educativa colombiana, nos atreveríamos a decir que el currículum podría ser y, por tanto, definirse así:

Currículum es el conjunto de

a. Los principios antropológicos, axiológicos, formativos, científicos, epistemológicos, metodológicos, sociológicos, psicopedagógicos, didácticos, administrativos y evaluativos, que inspiran los propósitos y procesos de formación integral (individual y sociocultural) de los educandos en un Proyecto

Educativo Institucional que responda a las necesidades de la comunidad entornal, y

b. Los medios de que se vale para –desde estos principios– lograr la formación integral de los educandos, entre ellos: la gestión estratégica y estructura organizacional escolar, los planes de estudio, los programas y contenidos de la enseñanza, las estrategias didácticas y metodológicas para facilitar los procesos del aprendizaje, los espacios y tiempos para la animación escolar y el desarrollo de los procesos de formación de las dimensiones espiritual, cognitiva, socioafectiva-psico-biológica y expresiva-comunicativa, los proyectos –uni, multi, trans e interdisciplinarios– que favorecen el desarrollo individual y sociocultural, los criterios e indicadores evaluativos a todo proceso-proyecto-actividad-resultado, los agentes educativos que intervienen como estamentos de la comunidad escolar-educativa-eclesial-local-regional, los contextos endógenos y exógenos situacionales, los recursos locativos-materiales-instrumentales y de apoyo docente y los procesos y métodos de rediseño a todo nivel, para hacer que los medios (desglosados en b), permitan lograr los principios (anotados en a) en el proceso de formación integral de los educandos y con ella facilitar el liderazgo transformador que permita dar repuesta al entorno sociocultural.

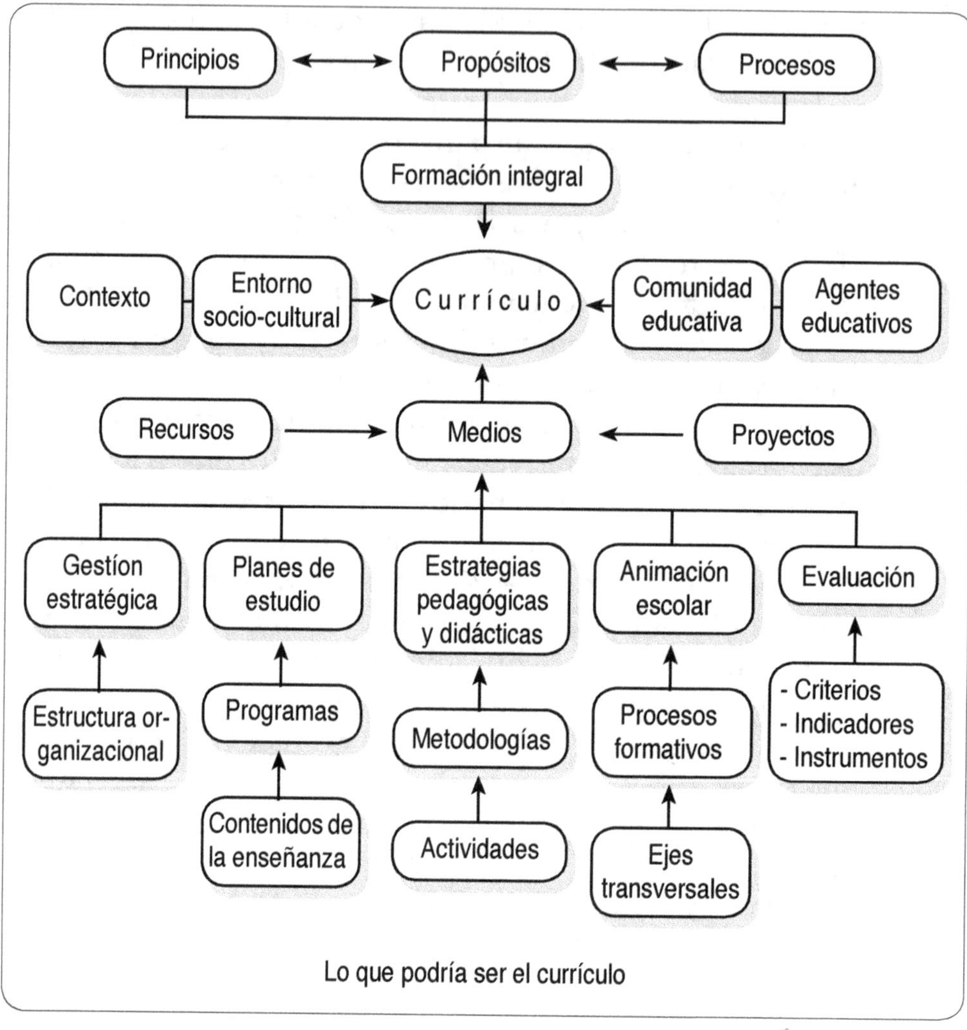

Lo que podría ser el currículo

Esta nueva concepción curricular implica cambios en la forma de sentir, pensar y actuar la educación en las instituciones educativas lo que genera nuevos procesos y proyectos frente al ser, al saber y al saber hacer de las mismas.

CURRÍCULO INTEGRAL E INTERDISCIPLINARIO

Desde mediados del siglo XX se inició la idea de organizar el currículo de forma interdisciplinaria. Este término aún no se utilizaba pero el concepto básico del mismo comenzaba a desarrollarse bajo el nombre de "currículo integral" como lo muestran los trabajos de Carey (1947), Faunce & Bossing (1958), Wright (1958) y Saylor & Alexander (1954) en educación secundaria.

Estos currículos integrales tenían como base un núcleo sobre el cual giraban varias asignaturas o campos del conocimiento organizados lógicamente, pero cada uno de ellos se enseñaba independientemente. Estos núcleos, llamados integrales, variaban según si se organizaban para integrar, articular, correlacionar, unificar, globalizar, fusionar o planificar. Esta integración podría hacerse por temas, proyectos, problemas, intereses de los estudiantes, etc., y que llegaron a expresarse de tal forma en los currículos que se habló de los niveles de correlación, integración y articulación; sin embargo, siguieron siendo atomísticos, trabajados independientemente por asignaturas, organizados por materias.

Algunos currículos integrales tenían un área como núcleo generador de integración, correlación o articulación, en especial las áreas de sociales y naturales, en torno a las cuales se articulaban otras. Por ejemplo, en el programa de la Wells Junior High School en Chicago, tal como lo describe Pierce (1942), los materiales y los temas de los estudios sociales, el lenguaje y las ciencias naturales estaban correlacionados en torno a temas tales como la ética y el carácter espiritual, el trabajo, la recreación, el pensamiento, la comunicación, la salud, las relaciones sociales y la conciencia económica.

Esta forma de integrar tiene una ventaja representada en el esfuerzo de los educadores por relacionar los programas y contenidos con los problemas vitales y los intereses del estudiante; lo que hoy podría llamarse una organización curricular por núcleos problemáticos que supera la organización por núcleos temáticos.

Para Taba (1974), los centros de organización curricular de las actividades de aprendizaje en los programas integrales podrían ser:

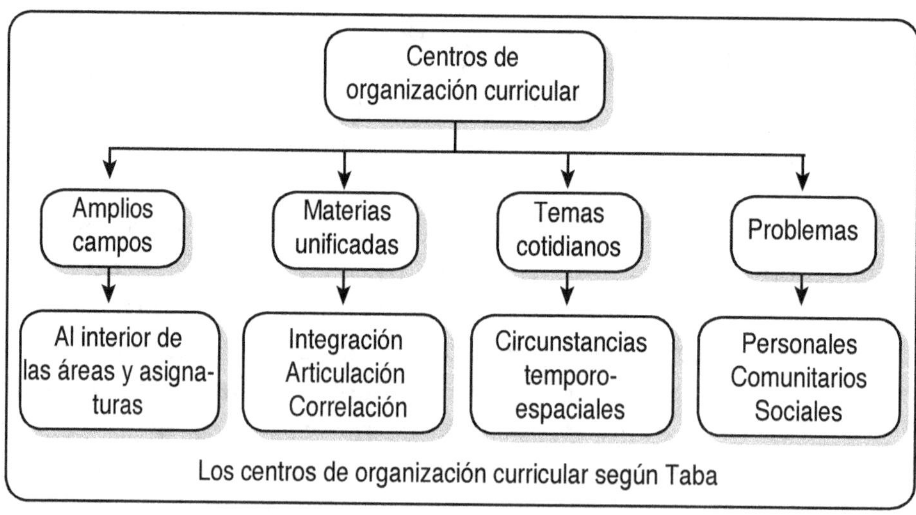

Los centros de organización curricular según Taba

a.   Campos amplios dentro de las asignaturas.
b.   Materias unificadas o correlacionadas.
c.   Temas cotidianos circunstanciales.
d.   Problemas sociales o personales.

Estos criterios curriculares implican flexibilidad en la organización de los planes de estudios, en la planeación, la programación, los enfoques, las concepciones teóricas de los proyectos, las metodologías, lo que implica peligro por pérdida de finalidad (teleología y axialidad) y algunas limitaciones relacionadas con la permanente readaptación de contenidos en torno a los nuevos enfoques y a los nuevos problemas, pues producir un radio organizado de experiencias de aprendizaje, reunir el tipo de contenidos y procedimientos que dan cuerpo al nuevo programa, la selección de materiales adecuados no previstos sin preparación comprensiva y disciplinada, son difíciles de solucionar, más aún, si las instituciones educativas y los docentes dentro de su concepción curricular y dentro de sus planes de estudio, no tienen el tiempo previsto para esto.

Dado que las mentes de quienes confeccionan el currículo y la de los educadores están condicionadas por las especializaciones, el pensamiento cooperativo por parte de un equipo de especialistas constituye una posibilidad de estructuración curricular interdisciplinaria (que supere la visión de integración, articulación y correlación temática), que podría lograrse con la creación de comunidades académicas y colectivos docentes.

La alternativa curricular interdisciplinaria debería estar fundamentada en procesos de investigación y evaluación permanente y debería considerarse como un proceso de aproximación sucesiva que se logra en la elaboración permanente y colectiva.

El proceso de construcción de un currículo interdisciplinario implica:

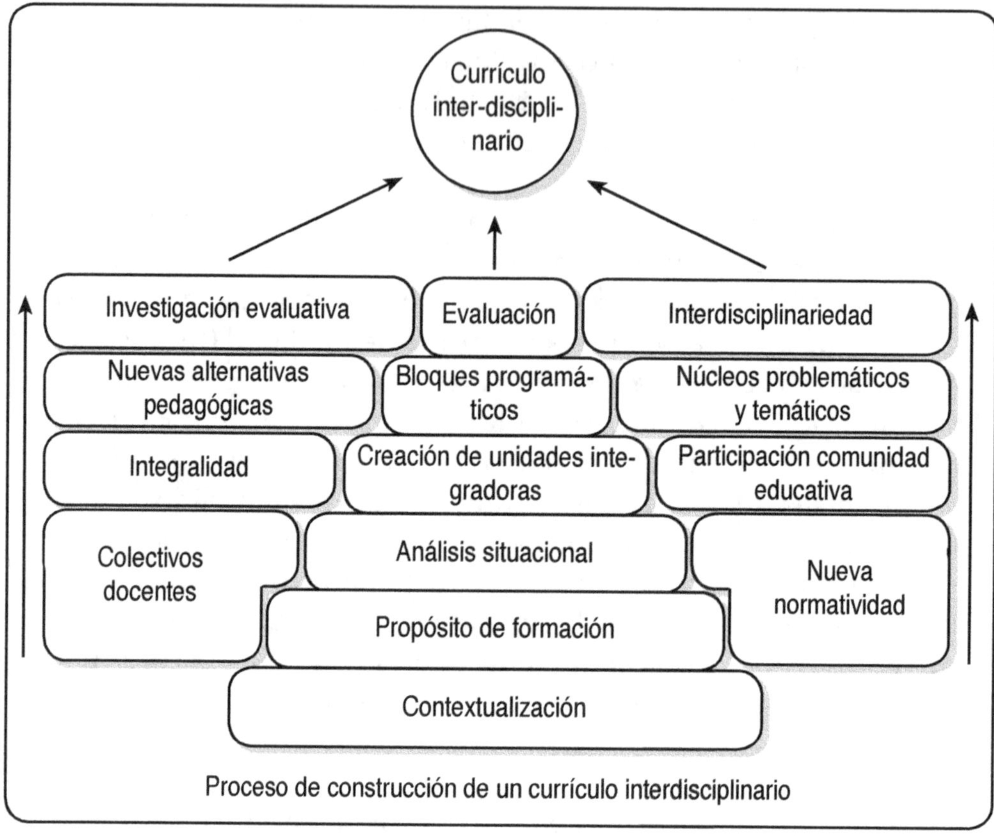

Proceso de construcción de un currículo interdisciplinario

a.   *Una fase de contextualización,* en la que con pertenencia social y pertinencia académica y resultado de la investigación y la evaluación, se diagnostiquen los macro y micro contextos en los que funcionará la propuesta y se determinen claramente las necesidades a las cuales hay que darles respuesta desde la educación y desde las áreas del planeamiento curricular.

b.   *Una fase de determinación de los propósitos de formación,* para poder, desde el colectivo docente, definir los objetos de transformación curricular, determinar las propuestas y proyectos de investigación, definir la participación de la comunidad educativa, plantearse los perfiles de los agentes y actores educativos, realizar el análisis de la situación real del comportamiento escolar y de la necesidad de apropiación de nuevos espacios, procesos, proyectos, programas y recursos educativos.

c.   *Definir el propósito ideal de formación*, el nuevo deber ser, para, con este referente, iniciar los procesos de renovación o innovación desde la perspectiva de la interdisciplinariedad.

d.   *Hacer un análisis de la situación real* para poder definir los núcleos problemáticos y temáticos, para no terminar cogiendo asignaturas o áreas obligatorias y juntarlas. Aquí se plantea, como lo sugiere López (1996), la integración de diferentes disciplinas académicas y no académicas (cotidianidad, escenarios de socialización, hogar, familia, etc.), que alrededor de los problemas detectados garanticen y aporten su saber al estudio, interpretación, explicación y solución de los mismos. Esto significa que, antes que contenidos, los núcleos problemáticos y temáticos exigen una mirada crítica de la realidad, desde su óptica particular, en función de un concepto claro y diáfano de totalidad e integración, lo que exige la concurrencia de saberes (simultánea o sucesiva), acuerdo del colectivo docente interdisciplinario y creación de una unidad integradora (unidad en la diversidad).

e.   *Creación de una unidad integradora* que permita: integración de la docencia, la investigación y la participación comunitaria como elementos básicos del proceso educativo e integración de la teoría y la praxis permitiendo el desarrollo individual y la transformación social.

f.   *Conformación de bloques programáticos* para garantizar el desarrollo curricular a través de la determinación y estructuración de proyectos interdisciplinarios y procesos de formación humana y transformación social.

g.   *Definición de principios, criterios e indicadores evaluativos* para hacerle seguimiento y control al proceso y a los resultados del trabajo interdisciplinario.

Luego de este análisis sobre el concepto del currículo interdisciplinario, podríamos decir que para que éste pueda ser implementado en los centros educativos, es necesario:

a.   Organizar los colectivos docentes de forma interdisciplinaria.

b.   Producir una nueva normatividad educativa y curricular institucional.

c.   Integrar las disciplinas dependiendo de las propuestas institucionales y las necesidades reales buscando la unidad en la diversidad.

d.   Permitir y buscar la participación de toda la comunidad educativa y los colectivos docentes de todas las áreas del conocimiento, las artes, los oficios, la tecnología, etcétera.

e.   Construir una nueva propuesta curricular que responda a una nueva alternativa pedagógica y definir las estrategias para su operacionalización.

f.   Iniciar el proceso de transformación educacional con la sensibilización de los docentes, motivar su actitud de cambio y comprometerlos con el trabajo de renovación y/o innovación.

g.   Con los núcleos problemáticos y temáticos estructurar la nueva propuesta curricular alternativa en la que el eje es la interdisciplinariedad.

h.   Investigar evaluativamente la implementación de la propuesta curricular interdisciplinaria y hacer los ajustes del caso, de todo carácter y nivel.

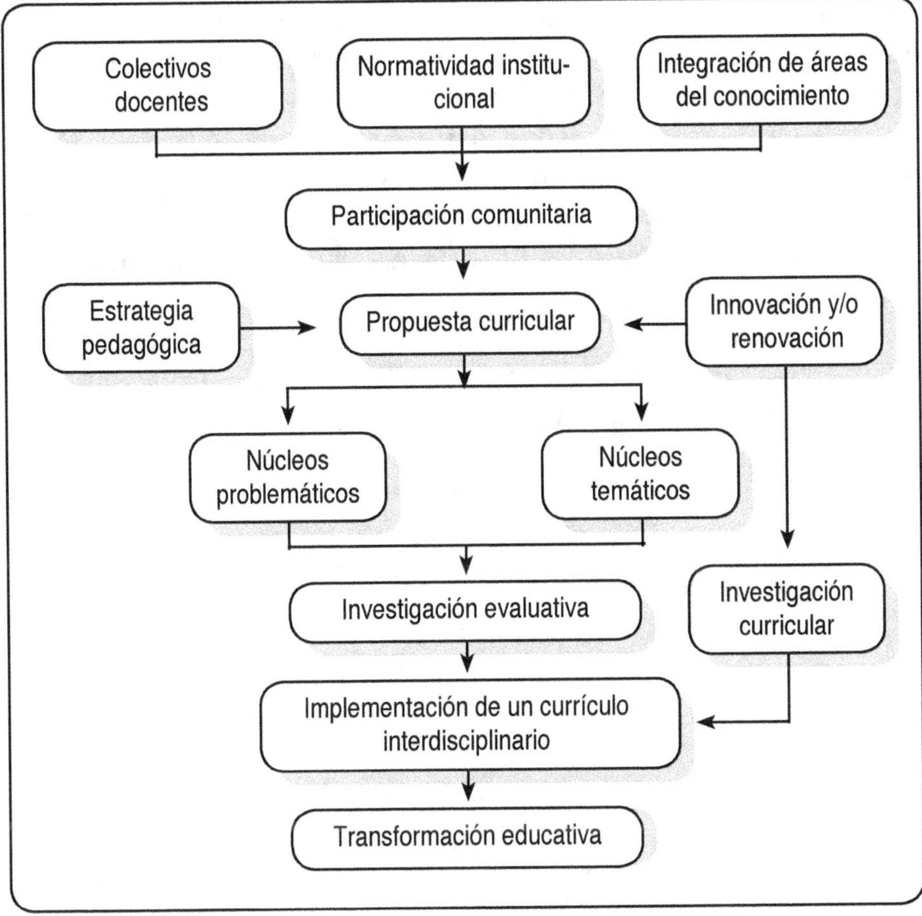

La interdisciplinariedad implica la colaboracion entre las disciplinas, las ciencias, las artes, las tecnologías y en la pedagogía, se opone al conocimiento fragmentado y se orienta hacia la integracion y globalización de los conocimientos y de la educación en general. Esto implica la reestructuración de los planes de estudio de manera que permitan una visión global del saber y del saber hacer mediante la búsqueda sistemática de nexos e interrelaciones entre los distintos conocimientos, pero puestos, estos conocimientos, al servicio del desarrollo del ser humano y de la solución a los problemas de la comunidad.

Consideramos que la interdisciplinariedad curricular es una excelente alternativa que debe comenzar en la educación superior, en los centros de formación de educadores, en las facultades de educación y en las escuelas normales. Las actuales estructuras de estos centros no permiten el cambio y la visión unidisciplinar o multidisciplinar (y no transdisciplinar o interdisciplinar) de los docentes, lo que no les permite asumir y comprometerse con una propuesta curricular diferente en la cual fueron formados. Esto afecta a la educación infantil, básica (primaria y secundaria) y media vocacional.

La investigación curricular, desde la perspectiva interdisciplinaria, es una muy buena alternativa.

TENDENCIAS CURRICULARES

Actualmente en educación, en especial en los países no industrializados y de baja producción científica y técnica, producto de los avances tecnológicos, de los cambios culturales y de la diversidad social, se ha iniciado un proceso de renovación educativa y curricular y de ésta se intenta de algún modo trazar un camino, definir unos procedimientos de análisis de la nueva realidad (o idealidad en algunos casos) a corto y a mediano plazo.

Los cambios educativos y curriculares de finales de siglo, por lo menos en Iberoamérica, se apoyan, como lo indica Alexander Sanvicens Marfull (1986) de la Universidad de Barcelona en:

1.   Las actuales tendencias que pueden advertirse en el curso de la sociedad de hoy, en su cultura, en su educación y en

el proceso de sus currículos, para tratar de determinar, más o menos nítidamente, aquello que, con cierta posibilidad, prevalecerá o tendrá lugar a continuación.

2.   Los cálculos demográficos, económicos, sociopolíticos, profesionales, escolares (índices escolares, centros, deficiencias zonales o sectoriales, alumnos, profesores, resultados educacionales, medios posibles), etc., para advertir necesidades y previsiones de variada índole (matemática aleatoria, estadística predictiva, etcétera).

3.   La simulación de situaciones diversas y el modo de afrontarlas, con resultados y consecuencias (dinámica de sistemas, técnicas de simulación, etcétera).

4.   El comportamiento de la población humana frente a diversos problemas como la evolución de los indicadores económicos la repercusión de los medios masivos de comunicación social, la problemática ecológica y la educación ambiental, la problemática axiológica, las nuevas tendencias investigativas cualitativas aplicadas a la educación, las necesidades de los contextos en los que se hace la educación formal, informal y no formal, etcétera.

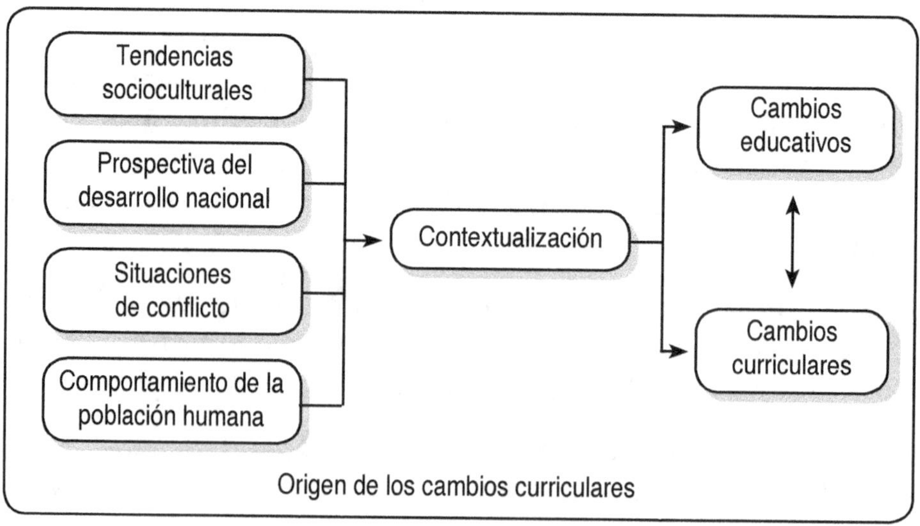

Frente a estos contextos y problemáticas de hoy que deben solucionarse ya, es necesario también, desde la perspectiva de la investigación curricular, prever socioculturalmente:

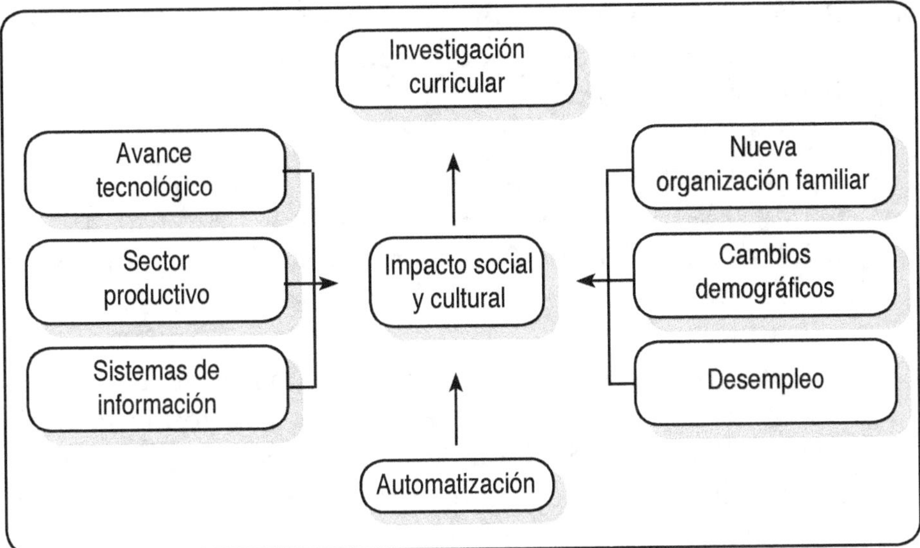

I. Las consideraciones prospectivas que deben tenerse en cuenta para la sociedad del próximo siglo en relación con el avance tecnológico de alta calidad y complejidad (principalmente de índole electrónica e informática) y el dominio que se prevee del sector "servicios" frente al sector "productivo" que obligará a la población activa a consumir servicios e información y a disminuir la producción agrícola e industrial.

2. Evaluar el impacto que producirá la sociedad tecnológica e informatizada sobre la sociedad agrícola e industrial, pués esta será la nueva sociedad.

3. Definir el papel de la mujer en la nueva sociedad, ya que ésta implica una nueva organización de la vida familiar y profesional con consecuencias sociales y culturales múltiples que afectarán la tarea educativa.

4.   Manejar el tiempo libre que irá aumentando a consecuencia de la disminución del tiempo productivo que se utilizará seguramente mal y generará problemas en la juventud.

5.   Atender el posible cambio demográfico y ocupacional en poblaciones futuras donde predominará la tercera edad y habrá mayor desempleo.

6.   Crear las condiciones para asumir las tareas que implican las futuras estrategias de excelencia y los servicios personalizados con la filosofía "hacer las cosas a la medida" y no masificadas.

7.   Facilitar el paso de la producción en masa y de la comunicación de masas (información de la civilización industrial) a las realizaciones e interacciones sectorizadas, individualizadas que ya se presentan, incluso en la educación, con internet.

8.   Prever el desempleo estructural que originará la automatización y el manejo de nuevas tecnologías y las tensiones inevitables que de ellos se originan: desinterés, desmotivación, deshumanización.

9.   Tomar postura frente a los nuevos intereses y rumbos que está cogiendo y cogerá la espiritualidad y las religiones.

10.   Calcular qué ocurrirá con la cultura de la información con la necesidad de nuevos lenguajes comprensivos, con el futuro sentido práctico (practopía para A. Toffler).

11.   Situar a la educación en una prospectiva positivista, imaginativa, humanizadora, en vez de construir un futuro, desde la educación mecanicista, progresista, estatalista y continuista.

12. Definir y estructurar proyectos y procesos que motiven al aprendizaje atónomo y la construcción del conocimiento.

Frente a este contexto actual y de cara al futuro que nos espera, el sistema educativo debe tener previsibilidad; entonces debe evaluar muy bien su presente, para proyectarse al futuro con seguridad.

Ésta es parte de la lamentable crisis educativa que vivimos en nuestras instituciones educativas:

1. Hay desnivel entre la educación y el desarrollo sociocultural.

2. Hay inadaptación educativa a las nuevas formas, estructuras y funciones que demanda el desarrollo sociocultural.

3. Hay anquilosamiento en las instituciones educativas secularmente establecidas,

4. Son deficientes las actuales metodologías y procesos pedagógicos por la insuficiente preparación de los educadores.

5. Aún existe masificación del estudiantado en los centros educativos y pésimo servicio al proceso de formación integral.

6. La administración educativa es pésima y no facilita el desarrollo pedagógico y educacional.

7. Los currículos no son pertinentes y los planes de estudio están compuestos por programas desfasados, poco útiles.

8. No se ha sistematizado la investigación en educación y como reflejo no se han dinamizado la pedagogía y actualizado la didáctica.

9. Existen problemas para la profesionalización docente, que a pesar de que ha mejorado la cobertura, la calidad deja mucho que desear.

10. No existe el apoyo político ni financiero para enfrentar los retos que demanda una educación de calidad.

11. No se ha armonizado la formación tecnológica con la formación humanística y hay crisis en el desarrollo del ser, en la apropiación del saber y en la aplicación de este saber en el quehacer ocupacional.

Frente a estos problemas educativos (pocos en comparación con los que en realidad existen de forma específica en ciertas regiones y centros educativos) es necesario hacer ciertas previsiones educacionales, en las cuales el currículo juega papel preponderante y fundamental:

1. Debe modificarse el concepto de escuela cerrada valorando las relaciones escuela-medio, escuela-sociedad, escuela-instituciones, y promoviendo actividades culturales.

2. Debe incrementarse la educación no formal (para-escolar, extraescolar, no normatizada) y la informal a la par que se perfecciona la educación formal.

3. Debe generarse interés por los conocimientos globalizadores y de síntesis, compensando los de especialización y de análisis, ya que éstos últimos son necesarios pero no suficientes.

4. Es conveniente desarrollar nuevas competencias para que la juventud adquiera aptitudes polivalentes y adaptativas como respuesta a un mundo de cambios constantes.

5. Debe promoverse la capacitación pragmática y simplificada (no hay tiempo para más) en diversos lenguajes, especialmente el informático y el científico técnico para estar a la par con el avance mundial.

6. Es necesario ofrecer y asegurar la educación permanente y continuada y llegar con ella a todos los sectores marginados: adultos, campesinos, indígenas, personas especiales, personas con necesidades de re-educación, etcétera.

7. Debe brindarse educación individualizada para facilitar procesos de formación integral y debe hacerse en ambientes personalizantes respetando la vocacionalidad y llegando a todas las clases sociales.

8. Debe humanizarse la educación, sin privarse del desarrollo científico y tecnológico apoyando estos procesos con el desarrollo de la autonomía, la creatividad, la formación artística, la práctica deportiva, el desarrollo de los procesos intelectivos.

9. Hay que formar éticamente en los valores morales y sociales.

10. Deben financiarse todos estos procesos de cualificación educativa y aumentar la cobertura de beneficiarios de la misma.

11. Debe cambiarse la actual administración educativa y desde la planeación estratégica ponerla al servicio del desarrollo pedagógico, de los proyectos educativos institucionales y de la cualificación educativa.

12. Deben establecerse nuevos criterios e indicadores de evaluación para poder hacer seguimiento a las transformaciones educativas que se van realizando.

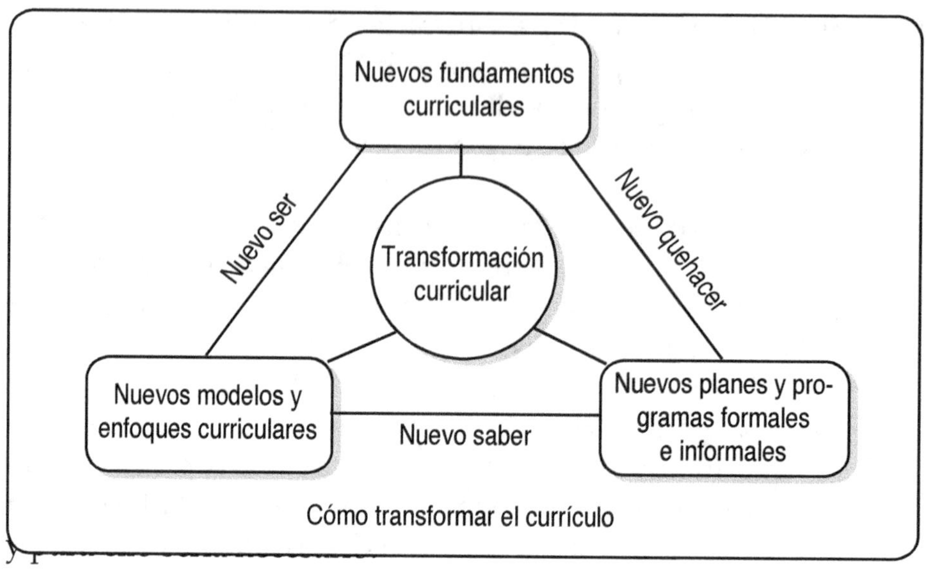

1. Redefinir los fundamentos curriculares: filosóficos, socioló-
    gicos, epistemológicos, psicológicos y pedagógicos y atender
    los actuales problemas ontológicos y metodológicos (frente
    a la construcción del conocimiento), antropológicos, axio-
    lógicos y formativos (frente a la formación humanística),
    psicopedagógicos y cognitivos (frente a los procesos del
    desarrollo humano y del aprendizaje), interactivos (frente a
    la transformación social mediante la promoción del liderazgo
    transformacional), pedagógicos y didácticos (frente a los nue-
    vos modelos de la enseñanza y las nuevas estrategias para
    facilitar los aprendizajes activo, constructivo, productivo y
    significativo).

2. Proponer por un modelo curricular basado en procesos y no
    en objetivos superando el academicismo y el currículo asigna-
    turista y generando espacios investigativos que dinamicen la
    praxis educativa y permitan sistematizarla creando nuevas
    teorías pedagógicas y nuevas alternativas curriculares.

3. Completar el currículo formal manifiesto en los programas y planes de estudio con el currículo oculto que ofrece nuevas estrategias, procesos, proyectos, actividades, momentos, eventos, situaciones, alternativas, etc., diferentes a las académicas para favorecer verdaderos procesos de formación integral que permitan no sólo aprender y adquirir los contenidos del saber, sino también que permitan el desarrollo del ser en un proceso interactivo e interactuante.

Viendo la actualidad curricular, los cambios que el currículo debe tener para adecuarse a las nuevas necesidades educativas y para solucionar los actuales problemas de las escuelas de todo carácter y nivel, y previendo todos los futuros problemas que implica cambiar, podría concluir que las tendencias que hoy existen en el desarrollo del currículo todas buscan en éste:

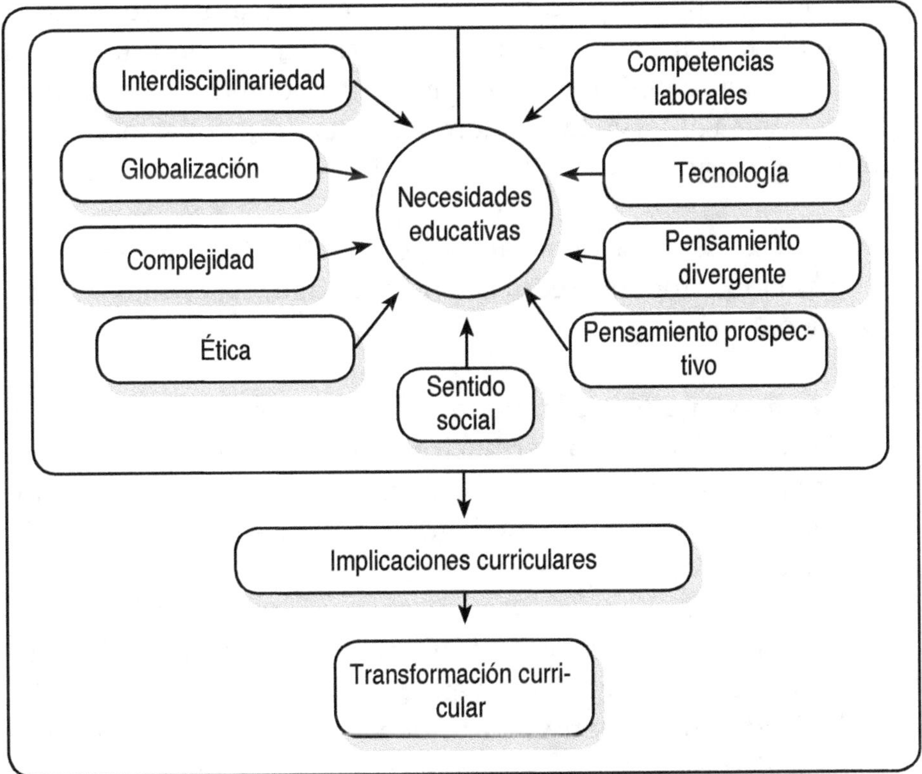

1. La relación disciplinar y las conexiones múltiples entre las áreas del conocimiento a través de la interdisciplinariedad.

2. Disminuir la tendencia hacia la especialización de los saberes mediante la propuesta de la globalización.

3. Proponer formas simples y prácticas en el trabajo educativo y en las instituciones para contrarrestar la complejidad de la cotidianidad y de las acciones humanas y sociales.

4. Ofrecer preparación en nuevas competencias para desarrollar en las nuevas generaciones la disponibilidad y favorecer su vinculación al medio laboral.

5. Humanizar la educación para evitar que la tecnología de punta permanentemente en evolución y los adelantos científicos no hagan perder al hombre en la maraña de la informática, la cibernética y la robótica, sino que le permita usarla hábilmente pero con discernimiento poniendo la técnica y la ciencia al servicio del hombre y del desarrollo social y no lo contrario.

6. Contrarrestar la inmoralidad generalizada y la deshumanización brindando educación de calidad con un alto sentido ético.

7. Desarrollar adecuadamente el sentido social educando verdaderos líderes trasformacionales comprometidos con el desarrollo humano y sociocultural desde valores humano-cristianos y promoviendo la solidaridad, la paz, la tolerancia y la sana convivencia.

8. Desarrollar el pensamiento divergente, la creatividad, el juicio crítico, la capacidad de análisis y síntesis, las actitudes y aptitudes investigativas para luchar contra la memorización, el facilismo, la rutina y el exceso de normatividad.

9. Responder a los cambios de forma inmediata con flexibilidad y de forma oportuna demostrando actualidad y practicidad, pero con fundamentación teórica y con pensamiento prospectivo.

10. Asegurar la eficacia, la efectividad y la eficiencia en todas las acciones educacionales que se deriven del currículo con las tendencias anteriores.

En esta misma línea de trabajo, Sansvisens (1986) afirma que los investigadores y diseñadores curriculares del siglo XXI deberán tener en cuenta para estructurar el currículo los siguientes criterios: interdisciplinariedad, globalicidad, simplicidad, disponibilidad, fundamento humano, sentido ético, sentido social, creatividad, eficacia y actualidad; precisamente de todo lo que carecen ahora.

EL CURRÍCULO COMO SOPORTE DEL PROYECTO CULTURAL DE LOS CENTROS EDUCATIVOS

Las Leyes Generales de Educación de los paises latinoamericanos establecen como prioridad para sus sistemas educativos centrar los procesos pedagógicos en el desarrollo de las potencialidades humanas. Ha sido entonces un problema para las instituciones educativas comenzar a preguntarse qué tipo de hombre formar, en qué escala de valores; problemas que algunos han resuelto, desde el personalismo de Emmanuel Mounier, definiendo al hombre como un ser singular, irrepetible, autónomo, libre y trascendente. Esto no está mal; sin embargo, es necesario hacernos otras preguntas con este tipo de hombre: ¿qué clase de sociedad queremos construir? ¿En qué valores sociales formar a nuestros educandos?

El hombre no es tan sólo un ser singular, irrepetible, autónomo, libre y trascendente, es también un ser histórico, social y cultural.

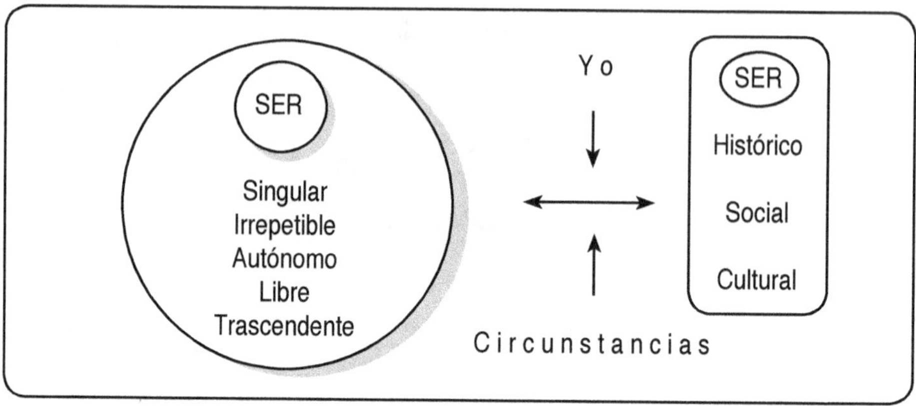

La educación debe constituirse en el proceso más adecuado para formar este tipo de hombre integral, pues es a través de ella que se recrean los modos de pensar, sentir y de actuar de las personas que son las encargadas de las transformaciones de la realidad y, el currículo debe favorecer este proceso.

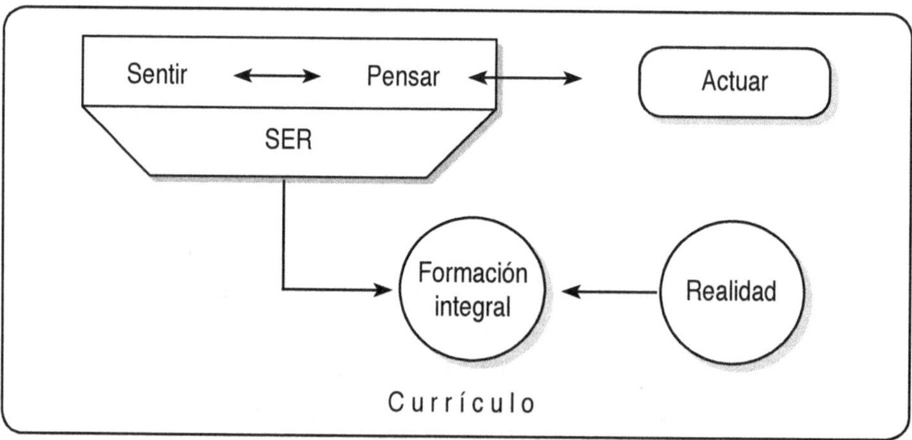

Las ideas, los valores, los sentimientos y las costumbres que definen la identidad de una sociedad, definen también el tipo de hombre que desde ésta y para ésta debe formarse en los centros educativos, pues es a través de las prácticas educativas expresadas en el currículo, que la sociedad asegura su cohesión, continuidad y desarrollo, es decir su unidad, identidad y madurez en el tiempo y en el espacio.

En estos tiempos de posmodernidad, todos los países, entre estos los latinoamericanos, han entrado a formar parte del gran sistema mundial con interrelaciones políticas, económicas, sociales y culturales.

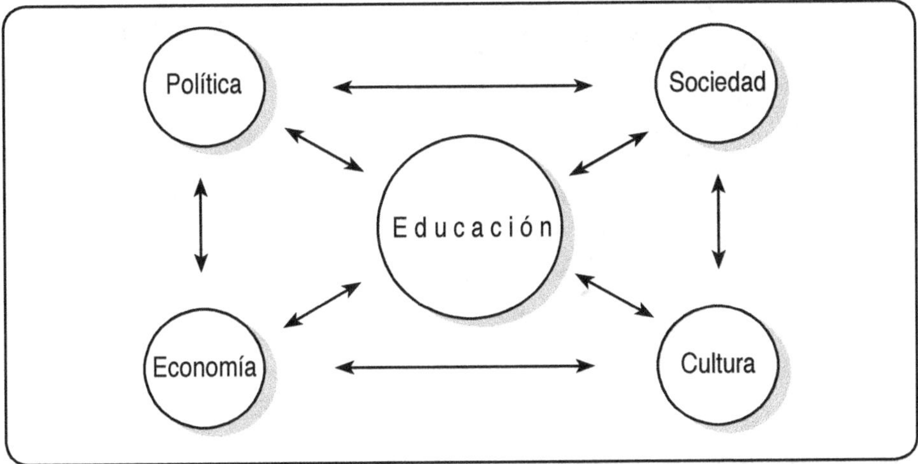

Dentro de este sistema universal y continental se busca hoy rescatar las dimensiones culturales, históricas y sociales del hombre, pues su trascendencia no es sólo consigo mismo, con el mundo y con Dios, sino también con los otros seres humanos que en familia, comunidad o grupo social, se desarrollan cotidianamente.

El hombre como proyecto, mediante un adecuado proceso de educación y de gestión curricular de los centros de formación, debe apropiarse críticamente de las creaciones culturales, producto del devenir histórico y de los contextos sociales: la ciencia, el saber, la tecnología, la técnica, la organización política, económica, social y las costumbres, normas, valores y creencias.

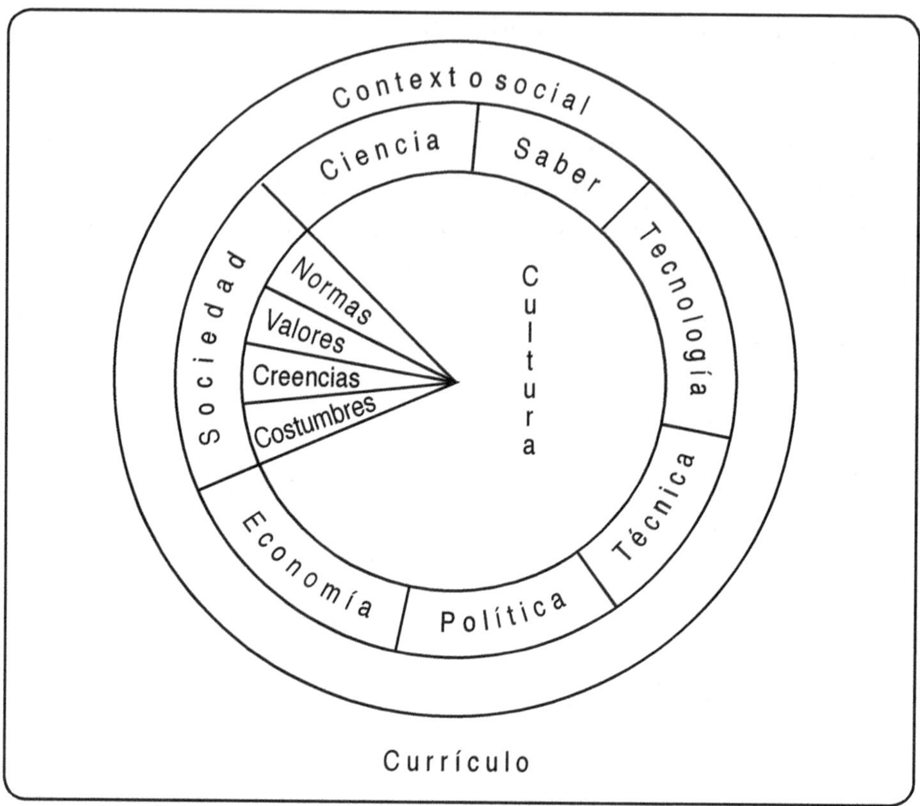

Por todo lo anterior, los centros educativos de todo carácter y nivel deben ofrecer alternativas curriculares para que los procesos y proyectos educativos institucionales, formales e informales, le permitan convertirse en verdaderos proyectos culturales.

Éste podría ser un centro educativo convertido en un verdadero proyecto cultural, gracias a una visión diferente del currículo:

a.   Si es autogestionado, porque de cara a la realidad trabaja con ella, recupera la dimensión comunitaria y le da participación a todos los agentes educativos a través de su gobierno escolar.

b.   Si es protagónico, porque asume el papel de rescatar la identidad cultural a través de la comunicación y la participación.

c. Si es comprometido, porque rescata la tradición, las costumbres, las historias de las comunidades, y busca consolidar la identidad cultural nacional.

d. Si es laborioso, porque elabora proyectos con la comunidad y para beneficio de esa comunidad.

e. Si está renovado, porque con una nueva concepción filosófica y una nueva práctica pedagógica, modifica la concepción tradicional de la educación y abre nuevas alternativas educativas desde las comunidades escolares, educativas y locales, dando un lugar muy especial y preponderante a la familia como núcleo social y agente educativo por excelencia.

f. Si es productivo, porque construye un hombre nuevo, con nuevos retos y respuestas, un hombre sensible, interesado por la suerte de la familia y la comunidad, por la problemática de la colectividad, por las dificultades de los individuos y de los grupos sociales, interesado y preocupado por las crisis que azotan nuestro país y dispuestos a contribuir con su aporte reflexivo y solidario a disminuir los males que afectan a la sociedad que él construye con su acción participativa.

g. Si es democrático, porque educa en la democracia y redefine el poder y la autoridad recuperando a la institución como centro dinamizador de las potencialidades y posibilidades de transformación de la escuela, la familia, el barrio y la comunidad, y así de la región y el país.

h. Si es crítico, porque comprometido, identifica necesidades y posibilidades en su zona de influencia y se deja permear por ellas y las integra a su cotidianidad para darle solución desde la colectividad de forma democrática y organizada.

i. Si es liberador y emancipador, porque genera los procesos adecuados para una educación humanizadora, de calidad y capacita a sus educandos y docentes para solucionar los problemas que los aquejan como personas y como integrantes de un grupo social.

j. Si es innovador, porque desde su Proyecto Educativo Institucional genera cambios que permiten mejorar la calidad de los procesos educativos y de sus resultados.

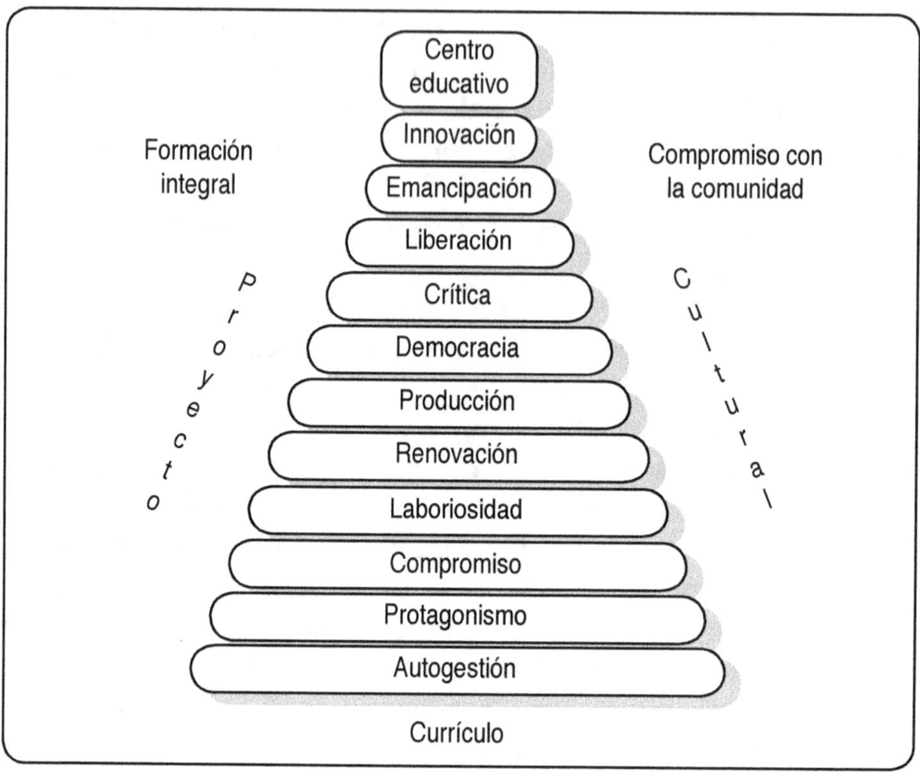

Los centros educativos deben educar al hombre en sus potencialidades y valores, pero también en todas sus dimensiones: espiritual, cognoscitiva, comunicativa, psicobiológica y socioafectiva, y en relación con esta última, en sus dimensiones histórica, social y cultural.

Para que estos centros en verdad puedan propiciar y adelantar estos procesos educativos relacionados con la dimensión social del hombre, es de vital importancia generar desde el currículo oculto, los espacios de capacitación, actualización y perfeccionamiento de los docentes, no sólo en las áreas del saber (de acuerdo con los objetivos de conocimiento que manejan los docentes según su disciplina académica), y en las diferentes dimensiones de los procesos educacionales (administración educativa, currículo, evaluación, pedagogía, didáctica, tecnología, etc.), sino, en primera instancia, los que permitan rescatar la vocación educadora y la acción pedagógica; esto se logra si se vivencian las siguientes actitudes pedagógicas:

- La capacidad de relación con Dios y lo trascendente.
- La responsabilidad.
- El sentido equilibrado de la realidad.
- El autocontrol.
- La percepción madura de sus propias capacidades.
- La capacidad de dominio personal.
- La fuerza moral.
- La perseverancia en el ánimo.
- La serenidad y la ecuanimidad.
- La disciplina personal y la disponibilidad de escucha.
- El acompañamiento y la convivencia permanente con sus estudiantes.
- La apreciación valorada de las cosas y de los juicios emitidos.
- El conocimiento científico y pedagógico.
- La capacidad crítica.
- El discernimiento y la disponibilidad a la colaboración y al servicio.

Un educador con estas actitudes, expresadas en comportamientos que den testimonio de su vivencia axiológica, sería la piedra angular de un sistema educativo que propende por la formación integral de sus estudiantes.

Las instituciones educativas deben buscar la forma de lograr que sus maestros desarrollen estas actitudes, pues las facultades de educación se dedicaron a las áreas del saber y a las tareas del quehacer y se olvidaron completamente del ser.

Los invitamos a la reflexión sobre esta problemática de educar al hombre para sus circunstancias y de encontrar o formar a los verdaderos maestros que sean facilitadores de este proceso con su vocación educativa y su verdadera profesionalización docente. El currículo para la formación continua de educadores en las Instituciones Educativas es una urgencia.

EL DISEÑO Y EL DESARROLLO CURRICULAR

Un excelente modelo de proceso para diseñar y desarrollar el currículo es el propuesto por Hilda Taba (1974); este modelo aún sigue vigente y se utiliza en muchas instituciones educativas en los paises latinoamericanos.

A continuación se estructura y sintentiza:

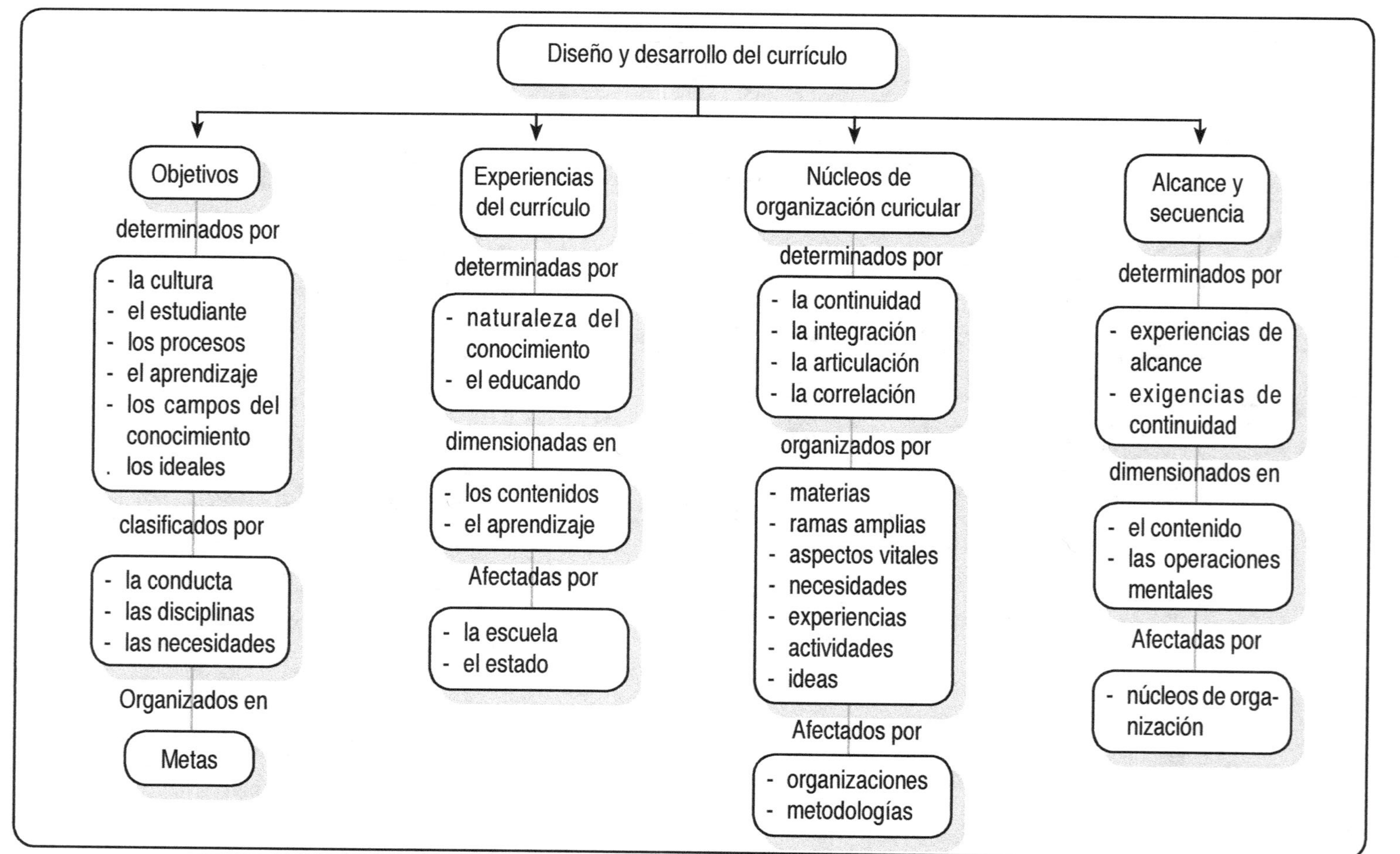

Diseño y desarrollo del currículo

Objetivos
determinados por
- la cultura
- el estudiante
- los procesos
- el aprendizaje
- los campos del conocimiento
. los ideales
clasificados por
- la conducta
- las disciplinas
- las necesidades
Organizados en
Metas

Experiencias del currículo
determinadas por
- naturaleza del conocimiento
- el educando
dimensionadas en
- los contenidos
- el aprendizaje
Afectadas por
- la escuela
- el estado

Núcleos de organización curicular
determinados por
- la continuidad
- la integración
- la articulación
- la correlación
organizados por
- materias
- ramas amplias
- aspectos vitales
- necesidades
- experiencias
- actividades
- ideas
Afectados por
- organizaciones
- metodologías

Alcance y secuencia
determinados por
- experiencias de alcance
- exigencias de continuidad
dimensionados en
- el contenido
- las operaciones mentales
Afectadas por
- núcleos de organización

1.   Objetivos

    1.1   Determinados por el análisis de:
- La cultura y sus necesidades.
- El estudiante, los procesos y principios del aprendizaje.
- Los campos del conocimiento humano y sus funciones particulares.
- Ideales democráticos.

    1.2   Clasificados por:
- Tipos de conducta.
- Ramas del contenido.
- Campos de las necesidades.

    1.3   Niveles de:
- Metas generadas por la educación.
- Objetivos de la escuela.
- Objetivos educativos específicos.

2.   Selección de las experiencias del currículo

    2.1   Determinadas por lo que se conoce sobre:
- La naturaleza del conocimiento.
- El educando.

    2.2   Dimensiones de:
- El contenido.
- Las experiencias de aprendizaje.

    2.3   Afectadas por:
- El papel de otros organismos educativos.

3.   Posibles núcleos para la organización del currículo

    3.1   Determinados por las exigencias de:
- La continuidad del aprendizaje.
- La integración del aprendizaje.

3.2   Núcleos de organización:
- Las materias.
- Las ramas amplias.
- Los aspectos de la vida.
- Las necesidades y las experiencias.
- Las actividades infantiles.
- Las ideas esenciales.

3.3.   Afectados por y afectando a:
- La organización escolar.
- Los métodos de utilización del personal.
- Los métodos de llevar a cabo el aprendizaje.

4.   El esquema del alcance y la secuencia

4.1   Determinados por:
- Exigencias del alcance del aprendizaje.
- Exigencias de la continuidad del aprendizaje.

4.2   Dimensiones de:
- Alcance y secuencia del contenido.
- Alcance y secuencia de las operaciones mentales.

4.3   Afectado por:
- Los núcleos de la organización del currículo.

A este modelo para diseñar y desarrollar el currículo puede anexarse una secuencia para la elaboración del mismo propuesta por Coffey y Golden (1957):

1.   Producción de unidades piloto.
2.   Realización de la prueba de las unidades experimentales.
3.   Revisión y consolidación.
4.   Elaboración de una estructura.
5.   Disposición y distribución de las nuevas unidades.
6.   Integración de la producción y la preparación del maestro.

El proceso más conocido para la planeación y el desarrollo del currículo se puede sintetizar en los siguientes pasos propuestos por Tyler (1960):

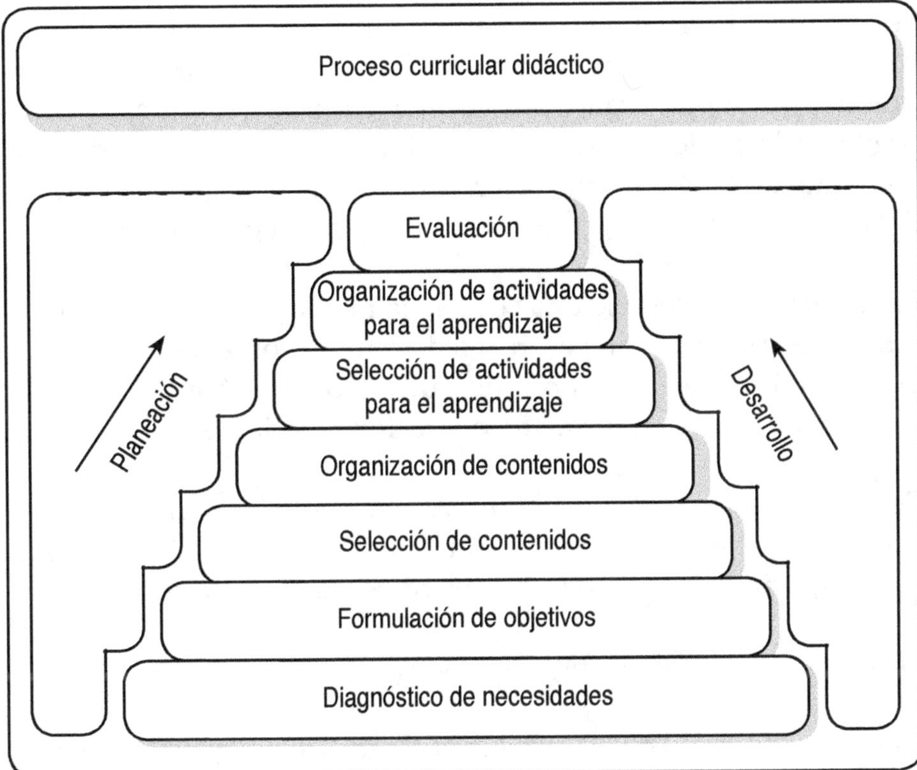

Paso 1.   Diagnóstico de las necesidades.
Paso 2.   Formulación de objetivos.
Paso 3.   Selección del contenido.
Paso 4.   Organización del contenido.
Paso 5.   Selección de las actividades de aprendizaje.
Paso 6.   Organización de las actividades de aprendizaje.
Paso 7.   Determinación de lo que se va a evaluar y de las maneras y medios para hacerlo.

Saber de antemano, desde una teoría curricular, la metodología del proceso de elaboración del currículo puede ser un acierto por cuanto asegura prever cuánto se necesita a la hora de hacer currículo; sin embargo, implica una serie de problemas como los que podemos detectar al contemplar la variedad de tareas que comprende la elaboración del currículo y descubrir que en ellas existe una secuencia racional para abordarlas.

Por ejemplo, la secuencia corriente de comenzar con las formulaciones del diseño y de una estructura, y luego desarrollar las unidades de aprendizaje para poner en práctica esa estructura predefinida, tiende a reducir las posibilidades para la creatividad y la innovación y a limitar las posibilidades de experimentación de la cual podrían surgir nuevas ideas y conceptos curriculares.

Podría también elegirse una secuencia metodológica inapropiada que generaría dicotomía entre las decisiones sobre los contenidos de la enseñanza y los métodos del currículo, como también entre la teoría curricular y su forma de operacionalizarla o administrarla.

Por la estructura conceptual curricular se podrían configurar distintas relaciones entre los elementos de la organización del currículo, especialmente a nivel de objetivos, contenidos y métodos.

Podrían darse estas configuraciones:

Caso 1. Prima el objetivo sobre el contenido y el contenido sobre el método.

Caso 2. Prima el objetivo sobre el método y el método sobre el contenido.

Caso 3. Prima el contenido sobre el objetivo y el objetivo sobre el método.

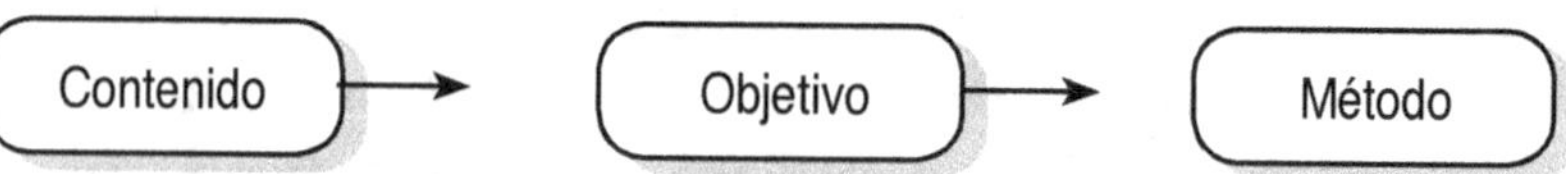

Caso 4. Prima el contenido sobre el método y el método sobre el objetivo.

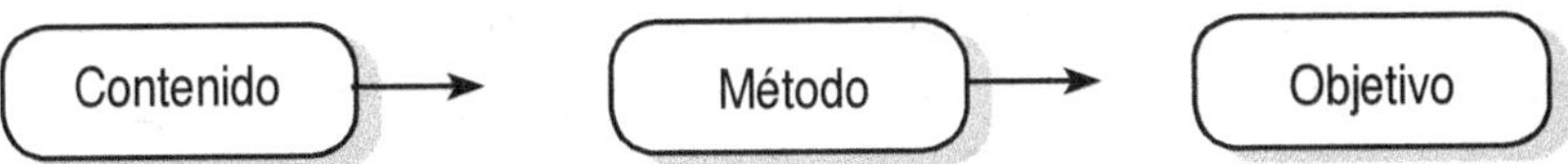

Caso 5. Prima el método sobre el objetivo y el objetivo sobre el contenido.

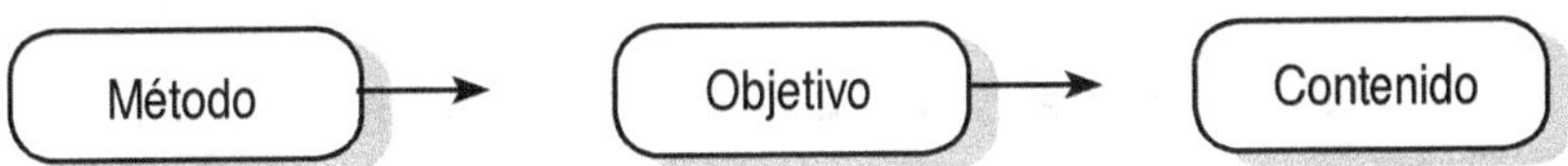

Caso 6. Prima el método sobre el contenido y el contenido sobre el objetivo.

Definir la postura curricular eligiendo alguno de estos casos facilitaría establecer los criterios de organización curricular y de evaluación, pero dejaría por fuera las otras posibilidades.

Elegir todas las posibilidades nos permitiría definir los criterios de estructuración curricular y de evaluación.

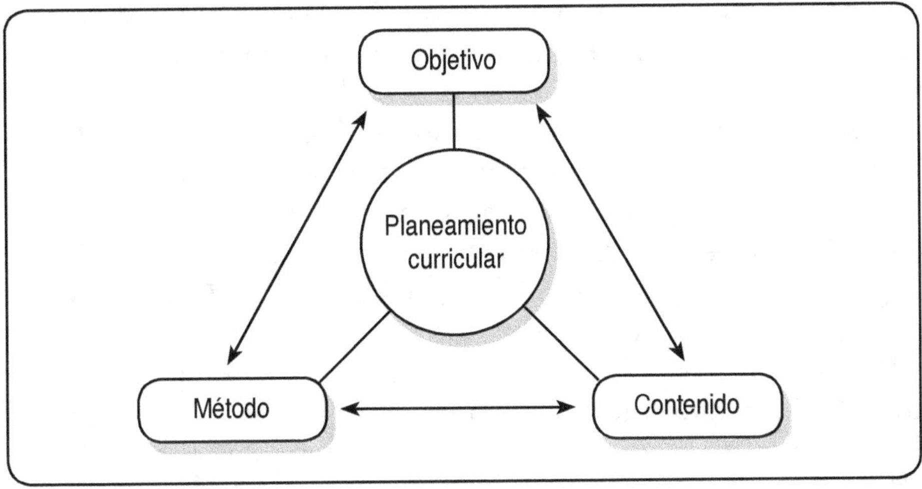

El enfoque o teoría curricular ayuda en la selección de la metodología para encontrar el proceso de desarrollo curricular, pero siempre quedaría la incertidumbre de la posibilidad de que se eligió no la más apropiada; lo que implicaría que cualquier definición y decisión curricular se hace provisional y transitoria y no definitiva . Esto le da flexibilidad a la teoría y a la práctica curricular y permite la reflexión, la experimentación y la investigación.

Podríamos llegar a la conclusión, de acuerdo con Hilda Taba (1974), que *el problema principal acerca de la planificación curricular no consiste en sí en planificar o no, sino en cómo hacerlo inteligente y científicamente y sobre la base de hechos y consideraciones racionalmente reconocidos, en lugar de dejarnos guiar por una mezcla de suposiciones, creencias y preferencias personales.*

No obstante, si ya existen modelos definidos de procesos y métodos de planificación curricular que están interiorizados por los docentes y comprendidos por los demás agentes educativos y la administración educativa los favorece; entonces la planificación curricular debe adoptarse de acuerdo con la complejidad de las decisiones que ésta misma involucra y con la idoneidad y el tiempo disponibles para sacar adelante el proyecto curricular. En este caso se haría el planeamiento curricular de forma apropiada, pero podría quedarse así por siempre y perder la oportunidad de progresar, pues se puede perder eficiencia, efectividad y eficacia.

Por el contrario, resulta más útil, aunque dispendioso, tratar todos los problemas de la teoría y praxis curricular, reflexionar en colectivos docentes y comunidades académicas sobre las implicaciones de los modelos curriculares y sus consecuencias e investigar y experimentar nuevas propuestas curriculares, que discutir sobre los planes de estudio, las asignaturas, los objetivos, los métodos y la evaluación por separado, más aún cuando ya existe una postura rígida que impide la transformación o innovación curricular. Lo primero nos lleva a la investigación curricular, lo último a la administración inteligente de la práctica curricular.

En este caso, estoy de acuerdo con dos planteamientos de Hilda Taba (1978). Ellos son:

Primero:

> *Si los proyectos de currículo se estructuran de manera tal que los papeles que pueden desempeñar diferentes tipos de personas y competencias en el proceso total de la elaboración del currículo, desde el diseño hasta su complementación en el aula, sean claros y correctamente identificados y asignados, es posible emplear estos papeles con inteligencia y conforme a las exigencias planteadas,*

Segundo:

> *Resulta posible utilizar el proceso de elaboración del currículo como un medio de perfeccionamiento docente que ampliará la órbita de las decisiones que los educadores y los estudiantes puedan adoptar a medida que se desarrollan las idoneidades y las habilidades apropiadas.*

Podríamos concluir, entonces, que a pesar de poder definir procesos y métodos para la planificación curricular, no está definido el proceso o el método más apropiado o pertinente; los actuales se consideran entonces alternativas provisionales hasta encontrar otras de mejores resultados y procesos, lo que implica que la investigación curricular está vigente y que la búsqueda de nuevas alternativas y propuestas curriculares debe estar de forma permanente en la mente de los educadores y administradores educativos. El mejor camino no es saber sobre currículo, sino investigar en y desde el currículo, para experimentar y validar propuestas curriculares nuevas que den respuestas nuevas a las actuales tendencias educativas y pedagógicas y a las necesidades específicas y particulares de los centros educativos.

EL PROCESO DE PLANEAMIENTO CURRICULAR

Los procesos en el diseño curricular se pueden sintetizar en las fases que implica el proceso de planteamiento del currículo. Éstas son:

1. Los objetivos de la educación (fines).

2. Los tipos de objetivos.

3. El diagnóstico en la elaboración del currículo.

4. Los recursos para el diagnóstico informal.

5. La selección de las experiencias del currículo.

6. La organización del contenido del currículo y del aprendizaje.

7.   El desarrollo de las unidades de enseñanza-aprendizaje.

8.   La evaluación de los resultados del currículo.

Estas fases implican:

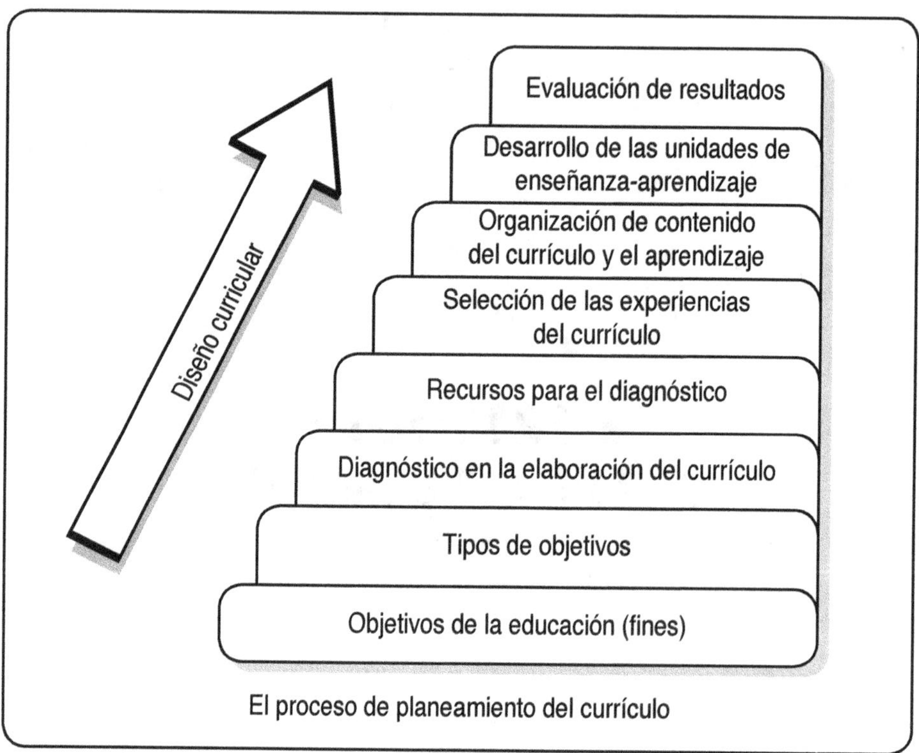

1. Los objetivos de la educación

- Implican establecer los fines del sistema educacional, su objeto y alcance, la prospectiva, la visión y la misión educativa, las expectativas, las necesidades de cambio individual y sociocultural.

- Implican plantearse un nuevo deber ser y establecer los procesos para lograrlo.

Implica también:

a. Definir las funciones de los objetivos educacionales y de los enfoques que obligan a redefinir estas funciones.

b. Lograr la unidad en los intereses educativos relevantes.

c. Definir los principios que fundamentan, orientan y contextualizan la formulación de los objetivos y el alcance que estos tienen, ya que los objetivos son evolutivos y representan caminos por recorrer antes que puntos terminales.

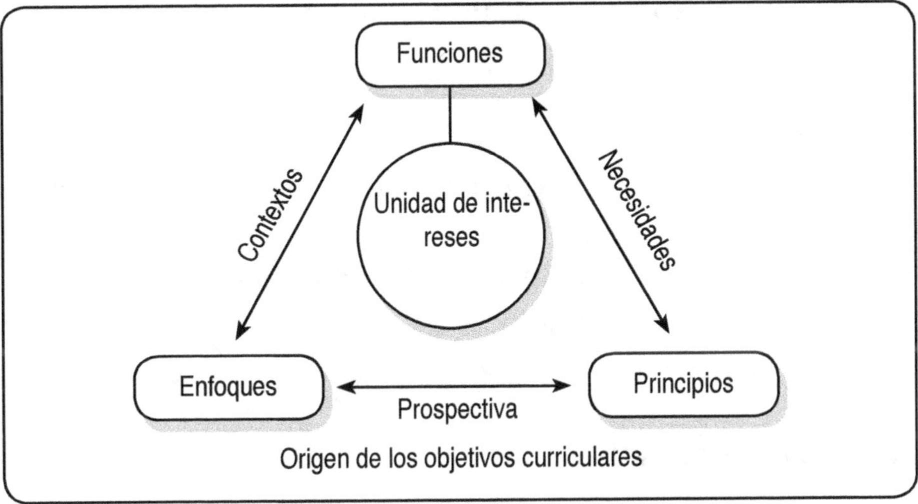

Los objetivos deben ser reales e incluir sólo aquello que puede ser trasladado al currículo y ser aplicado mediante experiencias en el aula.

El alcance de los objetivos debe ser lo suficientemente amplio como para comprender todos los tipos de resultados de los cuales la escuela es responsable.

Los objetivos deben clasificarse y agruparse para permitir un pensamiento racional sobre ellos y sugerir los tipos de experiencias de aprendizaje necesarios para lograrlos y los tipos de técnicas de evaluación indispensables para su estimación adecuada.

Utilizando tipos homogéneos de conducta como base para la clasificación de los objetivos educacionales se produjo, según Taba (1974) –interpretando a Smith y Tyler (1942)– la siguiente agrupación de objetivos-resultados educacionales:

a.   El desarrollo de los modos efectivos del pensamiento.

b.   La adquisición de informaciones, ideas y principios importantes.

c.   El desarrollo de hábitos de trabajo y destrezas eficaces.

d.   El desarrollo de una sensibilidad creciente con respecto a los problemas sociales y a las experiencias estéticas.

e.   El reemplazo de las actitudes egoístas por las actitudes sociales.

f.   El desarrollo de la apreciación de la literatura, el arte y la música.

g.   El desarrollo de una creciente gama de intereses valiosos y maduros.

h.   El aumento de la adaptación personal y social.

i.   El desarrollo de la salud física.

j.   La formulación y clarificación de una filosofía de la vida.

2. Tipos de objetivos

Para definir los tipos de objetivos educacionales, a la luz de los fines y principios es necesario clasificarlos según las conductas esperadas en los mismos, ya que resulta más funcional como base para la evolución del currículo y para la evaluación que la clasificación por contenido.

Sobre los siguientes aspectos se clasifican los tipos de objetivos:

a.   Conocimiento: hechos, ideas y conceptos.

b.   El pensamiento reflexivo.

c.   La interpretación de datos.

d.   La aplicación de hechos y principios.

e.   El razonamiento lógico.

f.   Los valores y las actitudes.

g.   La sensibilidad y el sentimiento.

h.   Las habilidades y destrezas.

En términos de la pedagogía contemporánea podríamos decir que hay objetivos que evalúan el desarrollo del ser (espirituales), del saber (intelectivos), del sentir (socioafectivos), del saber hacer (psicomotrices) y del expresar (comunicativos). Estos responden a la propuesta tradicional de objetivos integrales del conocimiento (los niños deben comprender...), de las habilidades (los niños deben aprender como...) y de las actitudes (los niños deben desarrollar...).

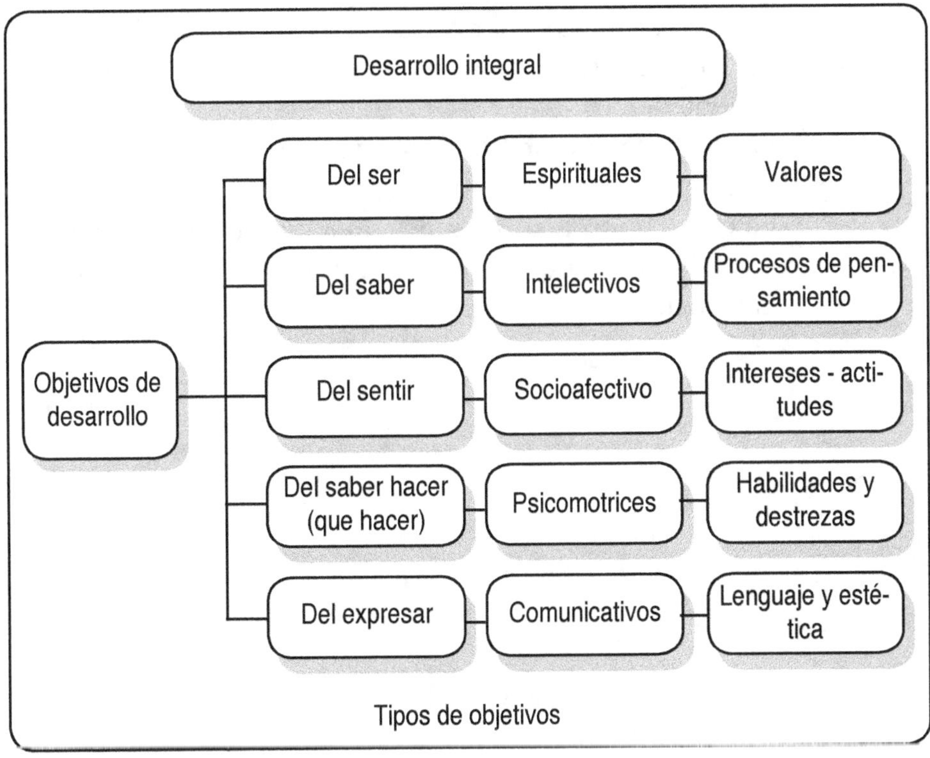

3. Diagnóstico para la elaboración del currículo

Este diagnóstico implica:

a. Evaluar el pasado y actual rendimiento curricular dentro del contexto natural e institucional.

b. Evaluar a los discentes como sujetos de la enseñanza sobre quienes se aplica la propuesta curricular.

c. Evaluar los propios problemas del currículo que se quiere cambiar y prever los problemas del nuevo currículo por implantar.

d. Hacer investigación curricular teniendo en cuenta:
    –   La identificación, descripción, delimitación, definición y planteamiento del problema curricular.
    –   El análisis de la problemática a la luz de los antecedentes.
    –   La formulación de hipótesis y recolección de información pertinente y apropiada.
    –   La experimentación de la nueva propuesta curricular.
    –   La validación de la propuesta y la sistematización de la misma.

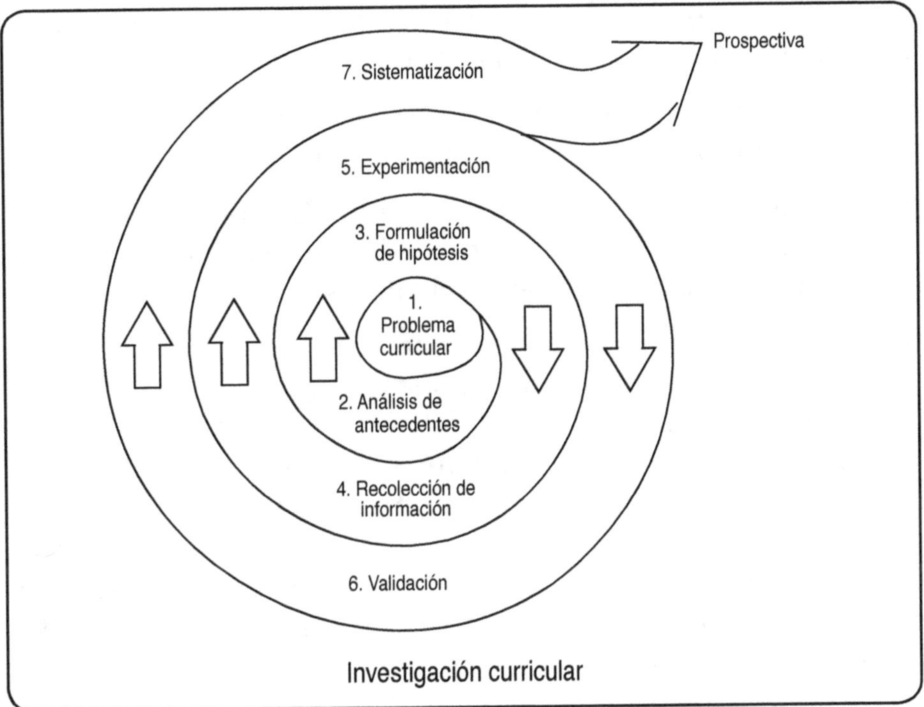

4. Los recursos para el diagnóstico informal

Implica para su realización:

a. Abrir espacios para la comunicación en el aula en relación con la problemática curricular.

b. Elaborar preguntas apropiadas sobre la propuesta curricular nueva, pero también abrir espacios sobre temas abiertos no relacionados con la propuesta y que pueden complementarla.

c. Escuchar los relatos y los incidentes generales y particulares en relación con el viejo currículo.

d. Acudir a los registros de los debates realizados, a las actas de reuniones, a los protocolos de seminarios para recuperar la historia del currículo que se quiere cambiar.

e. Acudir a lecturas y a la redacción de informes o publicación de documentos relacionados con el problema curricular.

f. Sistematizar y registrar las observaciones realizadas y los resultados del trabajo curricular con el modelo por cambiar.

g. Aplicar algunas pruebas sociométricas para evaluar los conceptos utilizados y para medir algunas actitudes frente a las nuevas propuestas curriculares.

h. Diagnosticar el ambiente extraescolar para conocer el clima social, al ámbito familiar y el aspecto emocional de los espacios extraclase en los cuales el estudiante también aprende; el modo de vida, las costumbres, los hábitos extraescolares para contextualizar la propuesta curricular.

En este caso es importante desarrollar un programa de diagnóstico organizado en proyectos especiales que permitan llegar a todos los espacios que afecta el currículo para evaluarlos.

5. Selección de las experiencias del currículo

Implica:

a. Seleccionar racionalmente los problemas a los que se le quiere encontrar solución desde el currículo.

b. Determinar los criterios para seleccionar estos problemas.

c. Darle relevancia y validez a los contenidos a través de los cuales se solucionarán los problemas elegidos.

d. Encontrar la compatibilidad con la comunidad educativa y con la comunidad social ya que responde a verdaderos problemas institucionales y a realidades sociales en conflicto.

e. Equilibrar la profundidad del contenido curricular con el alcance esperado para este contenido.

f. Apropiar los recursos necesarios, proyectos y procesos para alcanzar la amplia gama de objetivos propuestos.

g.   Dar accesibilidad y adaptabilidad a las experiencias de educandos y educadores en relación con el nuevo proceso curricular y los vestigios del currículo anterior.

h.   Adaptar la nueva propuesta curricular a las necesidades e intereses de los estudiantes, indagando sus expectativas y motivaciones individuales y grupales.

6. La organización del contenido del currículo y del aprendizaje

Implica:

a.   Solucionar los problemas de la organización curricular: programas, proyectos, actividades curriculares y extra-curriculares.

b.   Determinar los contenidos de los programas académicos.

c.   Estructurar los carteles de alcance y secuencia con respecto al aprendizaje acumulativo.

d.   Establecer las estrategias para la integración, articulación y correlación de los programas.

e.   Unificar el currículo escolar (unidad en la diversidad) y traducirlo en un plan de estudios.

f.   Combinar y respetar las exigencias lógicas y psicológicas que fundamentan la disposición curricular (procesos del desarrollo científico frente a los procesos del desarrollo humano).

g.   Determinar el enfoque que fundamenta el contenido y la gestión curricular.

h.   Prever la variedad en las formas de aprendizaje para calcular los procesos de la enseñanza y las estrategias metodológicas, pedagógicas y didácticas y los recursos y ayudas educativas por utilizar.

7. El desarrollo de las unidades de enseñanza-aprendizaje

Implica:

a.   Definir el modelo para la organización de las unidades didácticas de enseñanza-aprendizaje.

b.   Determinar la metodología para la planeación, programación y parcelación de las unidades didácticas.

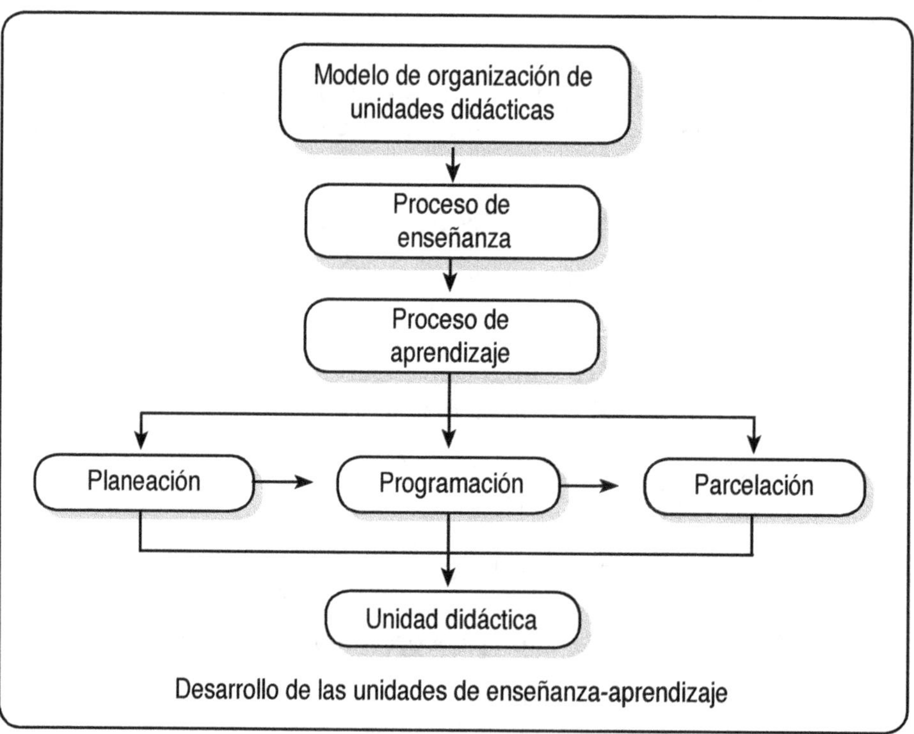

Desarrollo de las unidades de enseñanza-aprendizaje

Las más usada son:

- Diagnóstico de necesidades.
- Formulación de objetivos específicos.
- Selección del contenido.
- Organización del contenido.

- Selección y organización de las experiencias de aprendizaje que incluya: introducción, orientación, desarrollo, análisis, estudio, generalización, aplicación, resumen y culminación.
- Evaluación del aprendizaje.
- Verificación del equilibrio y la secuencia de contenidos y su relación con el aprendizaje y la evaluación.

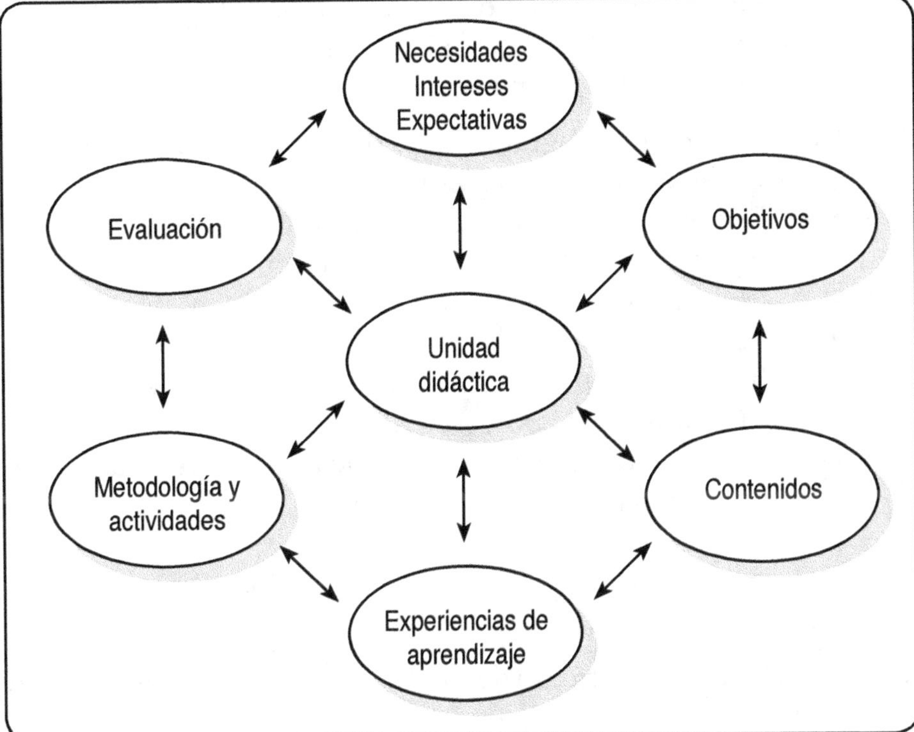

8. Evaluación de los resultados del currículo

Implica:

a. Definir qué se entiende por evaluación y por evaluación del aprendizaje.

b. Definir la función de la evaluación dentro de la gestión curricular.

c. Establecer los criterios para la organización del programa y los proyectos de la evaluación teniendo en cuenta:
    • Compatibilidad de los objetivos.
    • Amplitud y flexibilidad de los objetivos.
    • El valor del diagnóstico (evaluación inicial a manera de conducta de entrada: necesidad del educando).
    • La validez del currículo aplicado y de la forma de evaluación empleada.
    • La unidad del juicio evaluativo seleccionado.
    • La continuidad de los procesos evaluativos (seguimiento integral y permanente).

d. Definición de un programa amplio de evaluación que evalúe:
    • Objetivos de aprendizaje.
    • Factores que afectan el aprendizaje.
    • Operaciones de enseñanza-aprendizaje.
    • Métodos de enseñanza.
    • Proceso de aprendizaje.
    • Instrumentos y recursos para el aprendizaje.
    • Instrumentos y procesos de la evaluación.
    • Técnicas para obtener evidencia de los resultados de la evaluación.

e. Interpretación de los datos de la evaluación a la luz del programa evaluativo.

f. Translación al currículo de los datos que arroja la evaluación integral.

Si se tienen en cuenta estas fases podríamos afirmar que los procesos en el diseño curricular se han dado y que el resultado del mismo es eficaz, eficiente, efectivo y pertinente. Si alguna de estas fases no se da, el proceso curricular está trunco y, por tanto, hay que dudar de la confiabilidad y validez de la propuesta curricular que se quiere implementar o de la experiencia curricular que se quiere sistematizar, replantear y/o cambiar.

LA SELECCIÓN Y LA ORGANIZACIÓN DEL PLAN DE ESTUDIOS EN LA GESTIÓN CURRICULAR

El alcance apropiado, la secuencia positiva, la continuidad acumulativa y la integración del aprendizaje se han convertido siempre en los problemas centrales de la organización del currículo. Estas características en la organización del currículo, se hallan relacionadas entre sí y son interdependientes; por ejemplo, la definición del centro de interés o núcleo de una unidad individual determina el alcance de todo el currículo; si las unidades básicas se organizan por temas y materias, la extensión del contenido determina el alcance; si los conceptos básicos son el criterio para la organización de las unidades, el planeamiento general se hace en función de programas y contenidos; si lo que prima es el logro de objetivos, estos limitan el alcance curricular. Esto nos indica que existen exigencias múltiples para la organización del currículo, y que a pesar de que las características anotadas (alcance, secuencia, continuidad e integración), puedan ser aplicadas en un orden diferente o en forma simultánea, es muy difícil aplicarlas independientemente las unas de las otras.

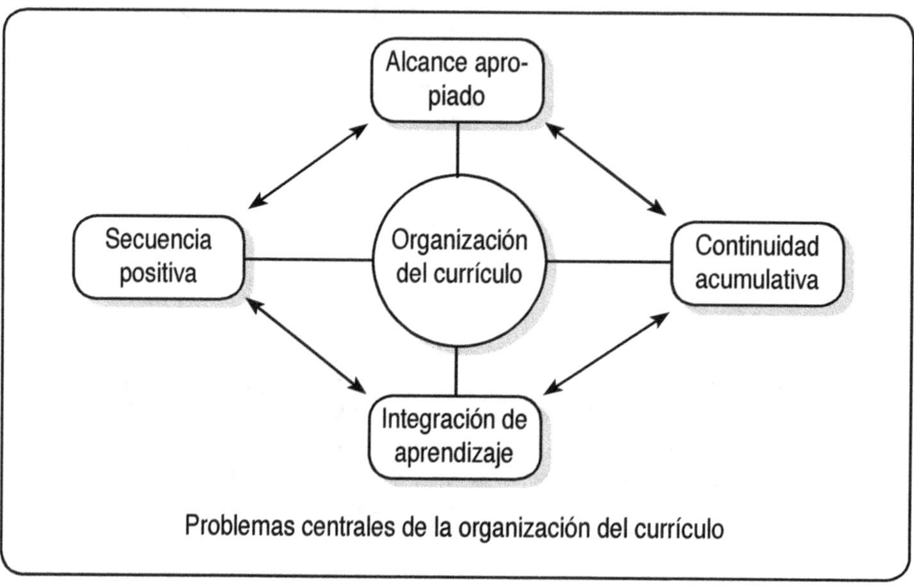

Problemas centrales de la organización del currículo

A pesar de lo anterior, pocos proyectos curriculares otorgan igual importancia al alcance del contenido, que al alcance de las facultades intelectuales, de los hábitos mentales y de las actitudes que deben tener los estudiantes frente a las tareas que implica este currículo. Por ejemplo, un contenido de amplio alcance puede estar acompañado por un margen limitado de capacidad intelectual, o, a la inversa, es posible concebir el desarrollo de una amplia gama de conductas mediante el estudio de un contenido relativamente limitado. En el primer caso se presentaría superficialidad y en el segundo ignorancia. Sheffler (1958) es partidario de esta idea.

Para Krug (1950) la selección y la organización del currículo es un problema fundamental; para él la secuencia es simplemente una cuestión de ubicación por grados, sujeta sólo a consideraciones de conveniencia. Consideramos que se descuida el aprendizaje acumulativo, lo que implica no facilitar el proceso de construcción de los conceptos.

A pesar de que el alcance, la secuencia y la integración de las experiencias de aprendizaje han sido tratados de forma extensa por los investigadores en currículo y se ha debatido mucho sobre ellos, la gran mayoría concluye determinando los contenidos básicos que deben abarcarse en los programas y el orden en que deben desarrollarse las unidades didácticas y los temas; esto significa que los problemas del aprendizaje acumulativo, constructivo y significativo no han recibido suficiente atención, lo que hoy en día, abre una nueva tarea desde la perspectiva del constructivismo, para la reflexión curricular.

El resultado de la política curricular expuesta se ve reflejado en los planes de estudio cargados de asignaturas y con naturaleza atomística. Esta estructura curricular asignaturista presenta varios problemas:

1. En estos tiempos de postmodernismo en que se producen avances en todas las áreas del saber científico y se desarrolla la tecnología, quedaría imposible incluir en un plan de estudios, dentro de una estructura curricular academicista, todas las posibles especialidades. Si se hace, aumentaría exageradamente el número de asignaturas para tratar de cubrir todos los campos del saber y del saber hacer; más aún, cuando la tendencia de finales de siglo XX y de comienzos del siglo XXI es el desarrollo integral del ser.

2. La organización curricular asignaturista, atomística, implica el conocimiento específico de los conceptos básicos de cada una de las áreas, que por no trabajarse de forma interdisciplinaria, multiplican los esfuerzos de aprendizajes sueltos, inconexos, sin núcleo generador, los cuales deben ser evaluados por separado para dar notas a las diferentes asignaturas, lo que sobresatura de trabajo y aumenta los esfuerzos por

aprender, produciendo como resultado deserción, mortalidad académica, repitencia sin sentido. Por ejemplo, en vez de trabajar las ciencias sociales integradas se trabaja geografía, historia, democracia, civismo; en vez de trabajar las ciencias naturales integradas se estudia anatomía, botánica, zoología, química, física, ecología, etc., cuando en realidad en la naturaleza objetiva (ontológica) están integradas.

3.   Si se organizan los currículos por materias y por años escolares, esta organización no es estructural sino secuencial y se ve reflejada en las disciplinas por los programas expresados en contenidos y temas. Estos programas son hechos por los especialistas en contenidos quienes desde su lógica buscan confeccionar el currículo para que el contenido se aprenda de la forma como fue organizado.

Esto implica que el dominio de la asignatura es el objetivo principal y la tarea central es hacer que el maestro se asegure de que el estudiante lo está aprendiendo, lo que deriva en un proceso instruccional de parte del maestro, expositivo, de transmisión-asimilación, medido permanentemente a través de previas o exámenes, ante los cuales los estudiantes deben prepararse estudiando el día anterior y responder por los contenidos vistos. El resultado es que no es importante el aprendizaje significativo, sino la memorización y mecanización de los apuntes hechos en clase, y si no los hay, la consulta del texto escolar establecido como guía por el maestro.

4.   Para organizar las asignaturas en los planes de estudio de estos currículos academicistas tuvieron que definirse horas académicas de trabajo y repartirse el total de horas entre las diferentes disciplinas o áreas del saber y del desarrollo integral. Los criterios para esta distribución se hicieron también académicamente considerando a las ciencias de la mente más importantes, quitando la posibilidad de la democracia o igualdad asignaturista. En este caso, las matemáticas, las

ciencias naturales, las ciencias sociales y los idiomas ocupan el 80 % del plan de estudios y la educación artística, la educación física, la formación ética, religiosa y moral quedan en un último plano. Esta carga académica descompensada terminó creando el convencimiento de que las materias clave son unas (las difíciles) y las materias complementarias son otras (las fáciles). Se pierde el año con las primeras si no se aprueban y se pierde tiempo con las segundas, aunque el estudiante las aproveche más para su vida que a las primeras.

5. Esta suposición de que ciertas materias tienen un valor especial como disciplinas mentales en virtud de su contenido programático, intensidad y dificultad en el aprendizaje ha originado la tendencia a confundir la "educación general" con las "materias obligatorias", lo que produce como resultado confusión en los argumentos acerca de las formas de la organización de los contenidos. Se crecen las intensidades horarias en las áreas y asignaturas hasta tal punto, que las que se llamaron complementarias tienden a desaparecer, como se observa, por ejemplo, en los planes de estudios de currículos academicistas de los centros de educación formal nocturnos en donde tan sólo se estudia matemáticas, sociales, naturales e idiomas.

6. El centrar los currículos en asignaturas "importantes" condiciona los demás procesos institucionales. La educación se vuelve académica, los procesos y métodos se hacen académicos, los recursos se limitan a fortalecer la enseñanza instruccional (basta con tiza y tablero), etc. Incluso para el ingreso a estas instituciones, no se evalúan de forma integral las condiciones antropológicas, axiológicas, bio-psico-sociales, formativas, etc., de los discentes, sino que con un examen de admisión sobre las áreas "difíciles" definen quién ingresa al centro educativo; y si ya ingresó, la falla en estas mismas asignaturas define quién debe repetir.

7. La enseñanza derivada de este sistema academicista, basado en los contenidos y no en los procesos intelectivos, ha sido un error. El aprendizaje mediante la exposición, la prescripción y la deducción alientan la pasividad mental, impide la transferencia y no estimula el empleo activo de lo aprendido. Se trabaja la memoria para recordar, se busca entender y comprender, aunque no se aprenda significativamente, se quita la posibilidad de generar expectativas y canalizar el interés y la motivación endógena en los educandos y se pierde la posibilidad de desarrollar su capacidad intelectiva.

8. También se ha demostrado experimentalmente que, debido a la esterilidad y la inflexibilidad, que generalmente se asocia con la organización por materias de los planes de estudio de currículos asignaturistas, casi nunca se ha combinado la forma de organizar lógicamente los contenidos con la configuración psicológica del aprendizaje de los estudiantes, lo que pone en peligro, ya sea los criterios psicológicos del aprendizaje, o los criterios lógicos del conocimiento disciplinar.

9. En los procesos academicistas se pierde de vista esta relación clave para el aprendizaje significativo: disposición cognoscitiva -proceso cognitivo- capacidad intelectiva. Esto implica que no se tienen en cuenta las actitudes hacia el aprendizaje (expectativas, intereses, motivación, participación, disposición a aprender, deseos de conocer, etc.), como tampoco el proceso lógico de aprender (asimilación, acomodación y adaptación activa del conocimiento en nociones y conceptos) y, menos aún, los procesos de pensamiento utilizados por quién aprende, mientras trata de aprender (mecanización, recordación, evocación, retención, concreción, configuración, abstracción, inducción, deducción, lógica, formalización, argumentación, discurso, creación, innovación). Esto implica que el maestro se preocupa por preguntar lo enseñado, en vez de desarrollar actitudes y aptitudes intelectivas.

10. En los procesos academicistas la atomización del conocimiento, derivada de la organización por materias del currículo, aumentó el número de asignaturas para dar respuesta a la actual especialización del conocimiento, y empezaron a crearse materias adicionales que demandan el desarrollo de algunos campos prácticos del saber hacer y del trabajo social. Esto llevó a la parcelación de los conocimientos, a aumentar los campos y materias y a disminuir el número de horas que le corresponden a cada una, lo que implica aumentar el aprendizaje de informaciones inconexas que fácilmente se olvidan, más aún cuando el proceso que se maneja es la información y no la formación. Estos conocimientos así adquiridos no se relacionan, tan sólo se archivan, al igual que se archivan las materias después de verlas y aprobarlas, pero no de aprenderlas significativamente.

11. En el currículo academicista no se hace aplicación de lo aprendido, y no se tienen en cuenta las expectativas e intereses de los discentes. Esto implica para ellos (los alumnos) no querer aprender lo que se aprende, y no poder aprender lo que se quiere, lo que deriva en desmotivación, y con esa desmotivación generar procesos, también desmotivacionales, en los docentes que sienten que sus tareas se han perdido y que sus esfuerzos fueron en vano.

12. En los currículos tradicionales los objetivos, por ser instruccionales, tienen un alcance muy limitado y el aprendizaje que puede lograrse con ellos es pasivo, pues la estructura del currículo asignaturista acentúa en exceco el aprendizaje de detalles, le dedica escasa atención al desarrollo de los procesos de pensamiento activo-constructivo-significativo, no enseña con el fin de lograr la transferencia y la conexión activa entre las ideas y los hechos, divorcia el contenido temático de los intereses de los educandos y de su aplicación en la cotidianidad y, finalmente, crea un ambiente poco propicio para la formación en valores y actitudes.

13. El contenido fragmentado y compartimentizado resultante de la organización curricular asignaturista es un vehículo inadecuado para el desarrollo total de las facultades intelectuales, aunque los maestros se esfuercen por lograrlas, pues la organización por materias condiciona al maestro y le invade su proceso de formación, lo que le pondrá límites a su mentalidad; entre ellos la incapacidad para relacionar ideas en un contexto diferente del cual él mismo las ha aprendido, la incapacidad para identificar o clasificar ideas importantes, la falta de disposición para buscar aplicaciones más amplias a los principios propios de su materia o disciplina. Como lo afirmaba B. O. Smith, Stanley y Shores (1957): La organización del currículo empequeñece por igual a los estudiantes como a los maestros.

Reflexión

Apoyándonos en los postulados de Hilda Taba (1974), la organización tradicional por materias no llega a satisfacer las tres cuestiones básicas relacionadas con la organización del currículo:

a. Las asignaturas solas, como asignaturas o materias llenas de contenidos temáticos, no brindan una base lo suficientemente adecuada como para desarrollar un aspecto educacional integral porque no poseen en sí mismas un criterio inherente, ya sea para el alcance o el mérito, y porque la organización por materias atomísticas impide la realización de objetivos múltiples.

b. Aisladamente, las materias no proporcionan unas bases suficientes para la secuencia, especialmente si ellas minimizan la comprensión y el interés por el análisis de lo que se aprende o de los objetivos de la conducta.

c. La organización por materias, realizada de manera convencional y tradicional, impide en la práctica el logro de un aprendizaje interrelacionado. Esto tiende a una compartimentación innecesaria y a la atomización del aprendizaje.

Para dar respuesta a esta problemática se han generado algunas alternativas:

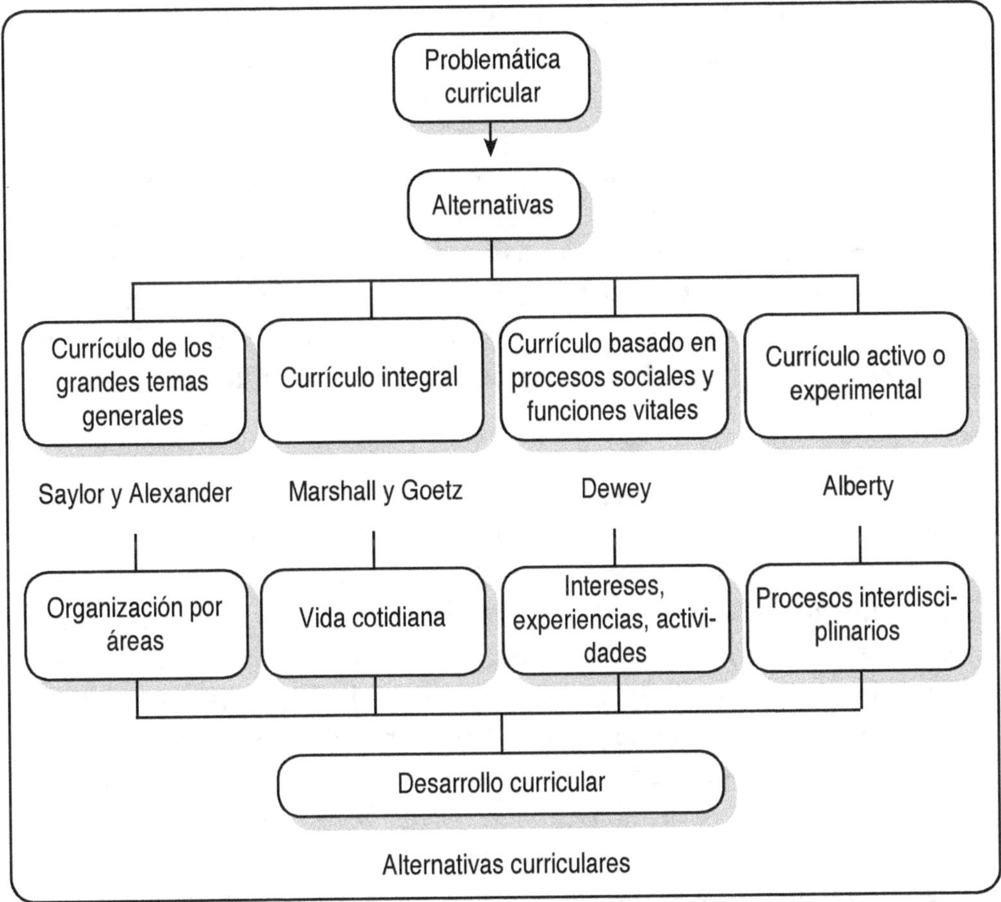

a. La de Saylor y Alexander (1954), sobre el _currículo de los grandes temas generales_ que permite combinar algunos campos específicos dentro de áreas más amplias; por ejemplo, la historia, la geografía y la instrucción cívica dentro de las ciencias sociales; la lectura, la ortografía, la composición y la escritura dentro del área de lenguaje.

Con esta estrategia curricular se logra una mayor integración entre las materias, se hace más funcional la organización del conocimiento, se suprime el exceso de detalles de la organización fragmentaria y se permite la estructuración conceptual; se da mayor flexibilidad en la elección de contenidos. Sin embargo, puede presentar como limitación la pérdida de la especificidad por buscar la generalidad, es decir, el desconocimiento de los detalles por lograr la globalización, que podría implicar problemas en los procesos de inducción y deducción.

b.   La de Marshall y Goetz (1936) sobre el currículo basado en los procesos sociales y las funciones vitales, que permitió organizar el currículo en torno a las actividades de la humanidad y de la vida cotidiana, en un intento de proporcionar una relación sistematizada entre el contenido curricular y la vida, organizando el plan de estudios según los problemas sociales.

Sus ventajas son: constituir una ayuda para el desarrollo de los significados sociales, permitir el empleo de los antecedentes experimentales para facilitar los aprendizajes, posibilitar la supervisión entre la vida social y los saberes especializados, proporcionar estándares definidos para la confección del currículo desde las normas prácticas y las experiencias sociales, brindar una base confiable para la ingeniería social en la orientación de los valores. Sin embargo, se encuentran algunas limitaciones: la relación del contenido que en realidad se enseña no es la apropiada en relación con las funciones vitales, y no se logra la meta fundamental: la integración y la unificación de las experiencias del aprendizaje, pues con el empleo de las actividades vitales como núcleo directo para el desarrollo de las unidades, aparece una nueva fragmentación que no es menos pronunciada que la observada en el currículo asignaturista.

c.   La de Dewey (1938) sobre el *currículo activo o experimental, partiendo de las premisas: la gente aprende sólo aquello que ex-*

perimenta, y el aprendizaje ocurre durante el proceso de superar obstáculos para alcanzar soluciones o metas.

Este currículo activo estimula a utilizar métodos para la solución de problemas, se concentra en los intereses de los estudiantes, abarca integralmente a los contenidos provenientes de distintos campos, proporciona una dinámica de aprendizaje dependiendo del medio natural e incorpora los propósitos del aprendizaje en la aplicación de lo que se aprende, elimina la programación rígida y le da flexibilidad al currículo y a las actividades a través de las cuales éste puede operacionalizarse.

Este proceso curricular define que el principio de "experiencia" y "actividad" es un criterio para determinar la secuencia de las experiencias de aprendizaje y no para organizar los contenidos temáticos.

Los problemas fundamentales de esta propuesta serían: nuclear un currículo exclusivamente en torno a los intereses y actividades de los estudiantes por la heterogeneidad de los grupos y de sus intereses particulares, el permanente cambio del currículo que va a la deriva dependiendo de los nuevos intereses y experiencias, la dificultad de lograr continuidad a partir de los centros de interés y una gran limitación, como lo afirmó Ausubel (1959): _En realidad, el currículo de actividades basado en los intereses sólo podría brindar continuidad utilizando como guía la continuidad del crecimiento, y ni la investigación sobre las secuencias evolutivas de los procesos mentales ni las tareas evolutivas están lo suficientemente perfeccionadas como para establecer principios y secuencias para la madurez en desarrollo._

d. La de Alberty (1953) sobre el "currículo integral" en que establece, no un planeamiento del currículo, sino sólo una manera de programar las clases en períodos más prolongados y con una asignación de más de un maestro, flexibilizando los horarios y haciendo trabajos interdisciplinarios, o en el peor de los casos multidisciplinarios.

En esta propuesta los estudios sociales desempeñan el papel principal y las demás disciplinas un papel auxiliar. Apoyan la articulación, integración y correlación de las áreas y asignaturas, al mismo tiempo que se relacionan los problemas vitales y los intereses de los estudiantes con los contenidos de la enseñanza.

Los centros para la organización de las actividades del aprendizaje en los programas integrales pueden ser, y a menudo son, cualesquiera de los siguientes: campos amplios dentro de la materia, materias unificadas o correlacionadas, funciones sociales, temas cotidianos o problemas sociales o personales.

El problema de esta forma de trabajo curricular ha sido la operacionalización administrativa en el trabajo con maestros y la falta de modelos interdisciplinarios para orientar este trabajo.

A pesar de las propuestas alternativas presentadas para superar los problemas que presenta el currículo tradicional academicista y asignaturista, éstas han tenido limitaciones; las principales: la escasez de profesores que puedan enseñar de acuerdo con el nuevo plan, ya que no han sido formados en el nuevo modelo, la falta de materiales apropiados para trabajar en un paradigma diferente y la inflexibilidad administrativa a la hora de organizar la institución: cargas académicas, horarios, las formas de contratación, etcétera.

LAS CARACTERÍSTICAS DEL CURRÍCULO

Deben ser características del currículo, entre otras la inspiración antropológica (axiológica), la participación comunitaria, la interdisciplinariedad, la flexibilidad, la coherencia, el realismo y pertinencia, la proyección, la personalización y la gestión estratégica.

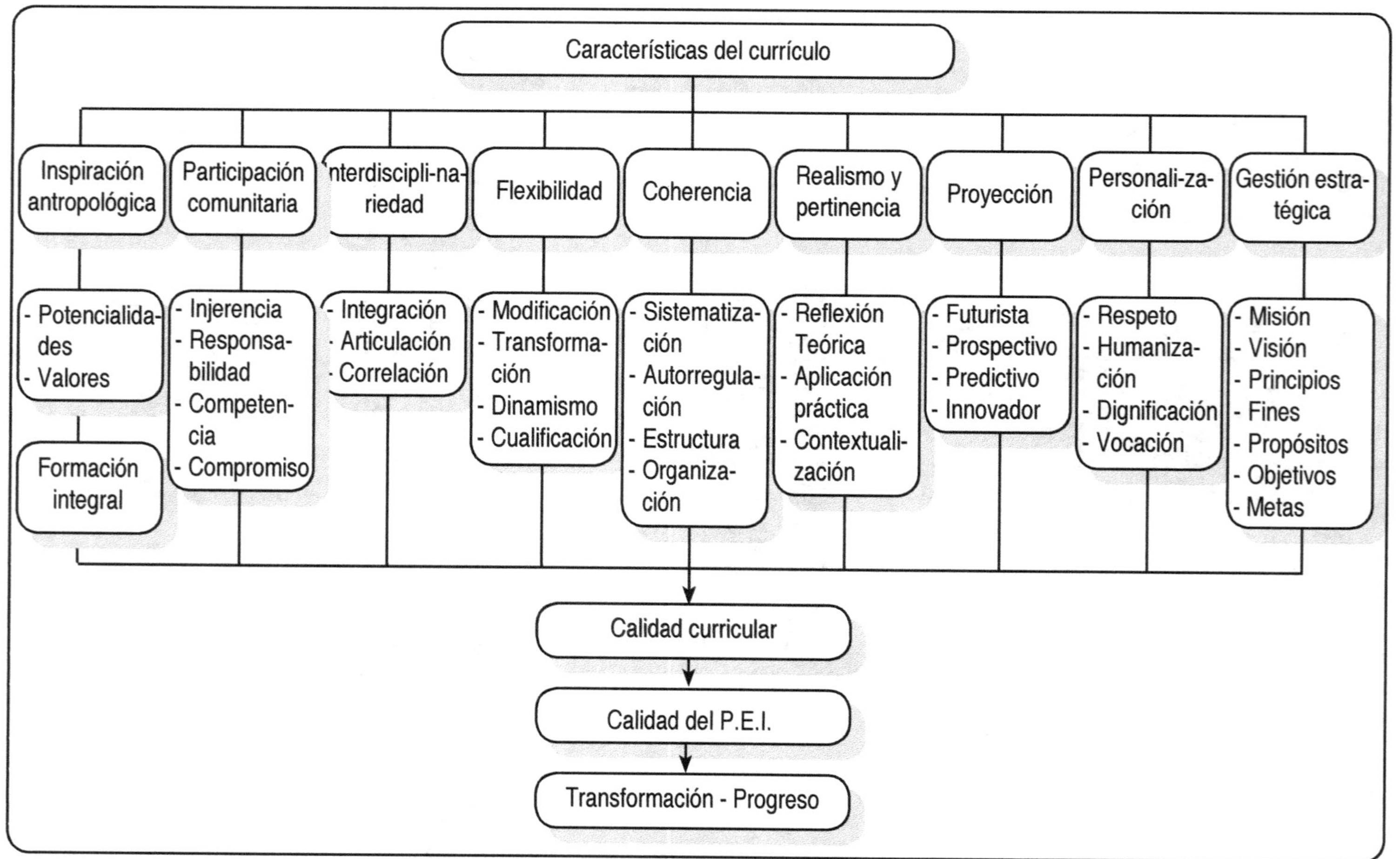
Características del currículo
Inspiración antropológica
Participación comunitaria
Interdiscipli-na-riedad
Flexibilidad
Coherencia
Realismo y pertinencia
Proyección
Personali-za-ción
Gestión estra-tégica
- Potencialida-des
- Valores
Formación integral
- Injerencia
- Responsa-bilidad
- Competen-cia
- Compromiso
- Integración
- Articulación
- Correlación
- Modificación
- Transforma-ción
- Dinamismo
- Cualificación
- Sistematiza-ción
- Autorregula-ción
- Estructura
- Organiza-ción
- Reflexión Teórica
- Aplicación práctica
- Contextuali-zación
- Futurista
- Prospectivo
- Predictivo
- Innovador
- Respeto
- Humaniza-ción
- Dignificación
- Vocación
- Misión
- Visión
- Principios
- Fines
- Propósitos
- Objetivos
- Metas
Calidad curricular
Calidad del P.E.I.
Transformación - Progreso

- *Inspiración antropológica*: porque el currículo opta por el desarrollo de las potencialidades y valores humanos en un proceso de formación integral y desde un Proyecto Educativo Universitario inspirado en un modelo formativo.

- *Participación comunitaria*: porque todos los estamentos están llamados a tener injerencia en el proceso curricular, desde la misma concepción hasta su evaluación y continuo rediseño. "Es necesario que cada miembro de la comunidad lea, asimile, interiorice y haga suyo este proyecto desde el campo de su responsabilidad, competencia y compromiso".

- *Interdisciplinariedad:* porque en el currículo deben tener acogida todas las concepciones y diversos puntos de vista desde los cuales se interpreta la realidad, enriqueciendo la visión y permitiendo que las diferentes ramas del conocimiento se integren.

- *Flexibilidad:* porque el currículo es concebido y diseñado de tal manera que sea perfectible mediante modificaciones y mejoras constantes, pero sin perder de vista su finalidad.

- *Coherencia:* porque los elementos que constituyen el currículo actúan como un sistema, se interrelacionan, autorregulan y convergen en un sentido, una totalidad y una identidad específicas.

- *Realismo y pertinencia*: porque el currículo actúa sobre las condiciones que lo rodean y responde a las necesidades del entorno sociocultural, conjugando una reflexión teórica y una aplicación práctica.

- *Proyección*: porque el currículo se concibe, diseña y opera proyectado hacia el futuro.

- *Personalización*: porque el currículo cuenta con las iniciativas personales de sus promotores para beneficiar a la comunidad y revertir este beneficio en el desarrollo humano y en la calidad de vida individual y social.

- *Gestión estratégica:* porque el currículo responde a una misión y visión institucional, a unos principios, fines y objetivos contextualizados en el Proyecto Educativo Institucional, en un marco doctrinal y en un modelo formativo, en torno a los cuales se planea, se diseña, se programa, se ejecuta, se evalúa, se dinamiza y se rediseña.

El diseño curricular constituye en general el marco de referencia para la selección y el análisis de los elementos curriculares que intervienen en un proceso educativo (programa, metodología, recursos, etc.), así como el marco de actuación en el mismo indicando qué, cómo y cuándo enseñar y evaluar.

Las teorías curriculares tienen tres funciones fundamentales que se cumplen mediante la investigación y la gestión curricular:

a. Identificar los problemas o los puntos críticos en la elaboración del currículo y las generalizaciones que los sustentan.
b. Dilucidar las relaciones que existen entre estos puntos críticos y sus estructuras básicas.
c. Sugerir las aproximaciones necesarias para resolver los problemas críticos identificados con base en las relaciones dilucidadas.

De las teorías curriculares surgen las estructuras conceptuales curriculares que permiten adoptar las decisiones cruciales del curríulo; éstas son:

a. La enunciación o formulación de objetivos y metas.
b. La selección y la organización de los contenidos.
c. La selección y organización de las experiencias y actividades de aprendizaje.
d. La evaluación.

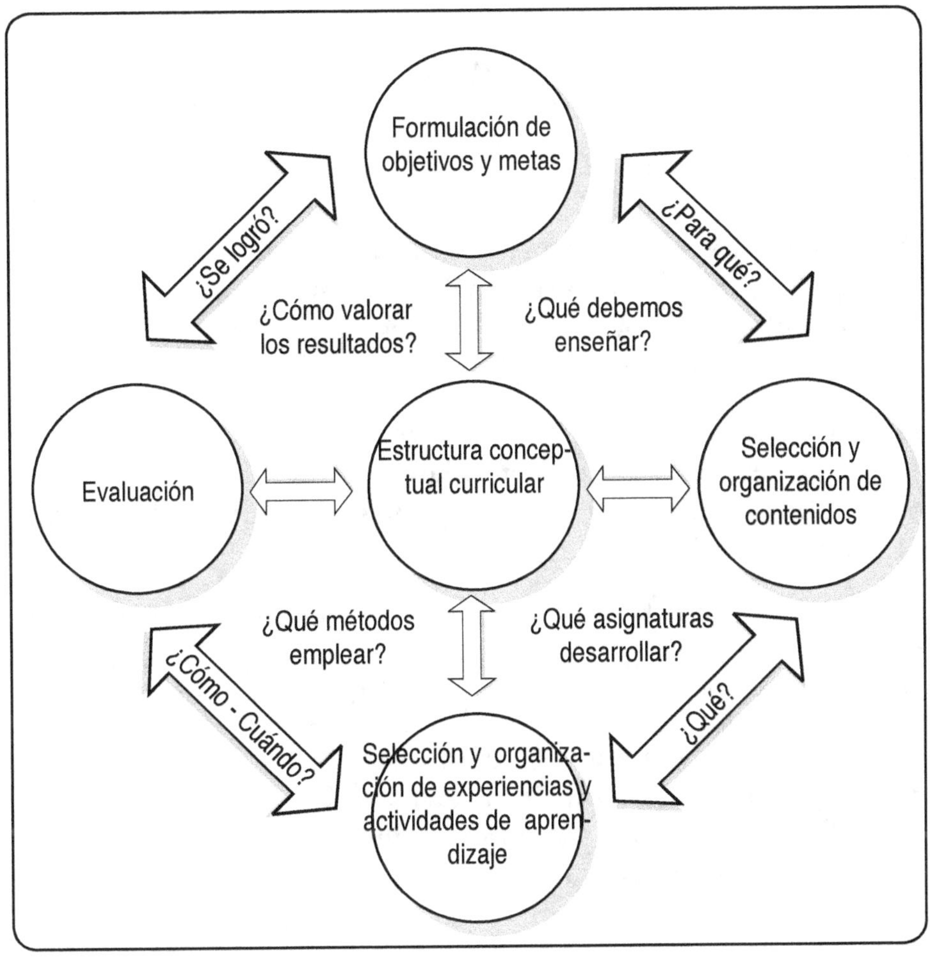

La planificación del currículo debe permitir identificar los elementos que lo constituyen, establecer sus relaciones mutuas, indicar los principios de la organización y los requisitos de la misma y su forma de administrarse.

Todos los diseños curriculares deben responder a las siguientes preguntas:

- ¿Qué es lo que debemos hacer?
- ¿Qué asignaturas van a ser utilizadas?
- ¿Qué métodos y sistemas de organización se van a emplear?
- ¿Cómo van a ser evaluados los resultados?

Estos elementos están relacionados y, por consiguiente, las decisiones referentes a cualquiera de ellos dependen las unas de las otras. Las decisiones acerca de los núcleos en torno a los cuales se organiza el currículo, son el factor primordial de toda su elaboración.

Estos elementos se vuelven partes de una estructura general para la organización del plan de estudios, los planes y programas, pero sólo permiten responder las siguientes preguntas:

- ¿Qué vamos a enseñar?
- ¿Cómo, cuándo y con qué hacerlo?
- ¿Qué esperamos que aprendan?
- ¿Cómo determinar si lo enseñado se aprendió y de la forma programada?

Las respuestas a estas preguntas no solucionan el problema curricular, tan sólo el organizativo académico. La gestión curricular debe también responder a otras preguntas tales como:

- ¿Qué tipo de hombre (mujer) formar?
- ¿A la luz de qué principios y valores?
- ¿En qué actitudes y comportamientos?
- ¿En qué dimensiones?
- ¿En qué procesos?
- ¿Con qué proyectos?
- ¿En qué contextos?
- ¿Para solucionar qué tipo de problemas?
- ¿Con qué estrategias?, etc.

Son las preguntas que quedan sin respuesta si el currículo se entiende solamente como un plan de estudios cargado de asignaturas y programas.

Congruentes con esta visión curricular, las instituciones educativas, necesitan adoptar y comprometerse con un diseño curricular propio que le permita desarrollar la institución y a cada una de las instancias académicas y administrativas, en beneficio de educandos, educadores y la sociedad.

PROPUESTA PARA ESTRUCTURAR EL CURRÍCULO Y EL PLAN DE ESTUDIOS

Guía para estructurar la gestión curricular

Para estructurar la gestión en cada una de las instituciones deben desarrollarse los siguientes aspectos:

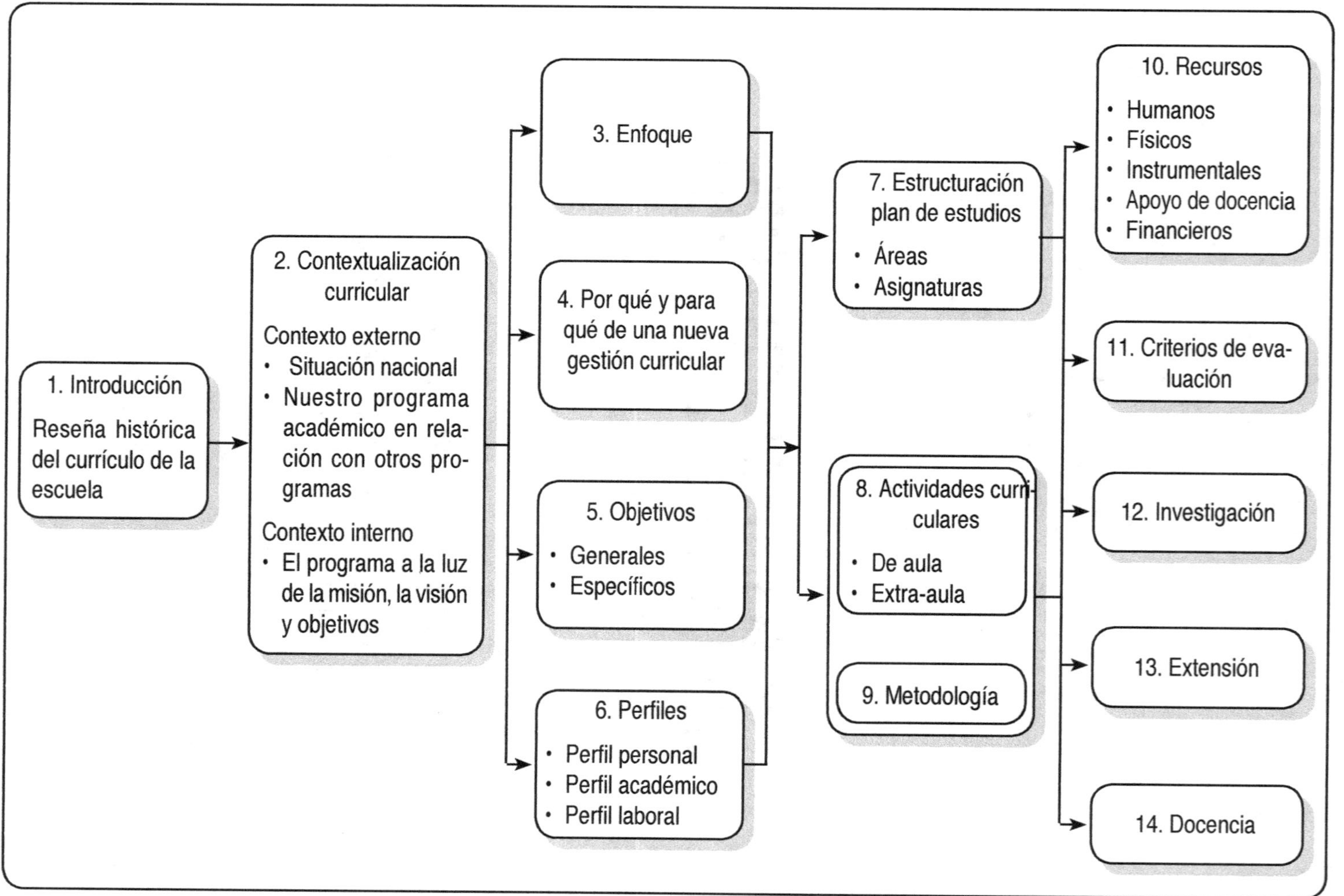
1. Introducción
Reseña histórica del currículo de la escuela
2. Contextualización curricular
Contexto externo
• Situación nacional
• Nuestro programa académico en relación con otros programas
Contexto interno
• El programa a la luz de la misión, la visión y objetivos
3. Enfoque
4. Por qué y para qué de una nueva gestión curricular
5. Objetivos
• Generales
• Específicos
6. Perfiles
• Perfil personal
• Perfil académico
• Perfil laboral
7. Estructuración plan de estudios
• Áreas
• Asignaturas
8. Actividades curriculares
• De aula
• Extra-aula
9. Metodología
10. Recursos
• Humanos
• Físicos
• Instrumentales
• Apoyo de docencia
• Financieros
11. Criterios de evaluación
12. Investigación
13. Extensión
14. Docencia

1. Reseña histórica del currículo de la escuela

Se debe realizar una recuperación histórica de los cambios curriculares ocurridos desde que el programa académico se inició hasta la fecha, a manera de trayectoria curricular.

En ésta se anotan las debilidades y fortalezas de cada uno de los factores que motivaron los cambios curriculares, en especial relacionados con:

1.1. El enfoque

1.2. Los objetivos

1.3. Los perfiles

1.4. El plan de estudios
   - Las áreas que lo integran
   - Las asignaturas
   - La intensidad horaria

Esta revisión de antecedentes en relación con el programa académico permite rescatar elementos de su autoevaluación y generar estrategias para la autorregulación curricular y la posterior acreditación.

2. Contextualización curricular

Se debe describir la situación actual en la cual se da la transformación curricular.

Esta contextualización debe fundamentarse en la descripción, delimitación y definición de los problemas de nuestro entorno, a los cuales se les busca dar alternativas de solución desde la propuesta curricular, en ella, desde el plan de estudios.

Se debe considerar:

2.1. Contexto externo

– Situación nacional

Definir con claridad cuáles son los problemas que tiene en la actualidad el país y explicar sus implicaciones sobre la organización de una gestión curricular.

– Nuestro programa académico en relación con otros programas del mismo género de otras instituciones.

Comparar el actual programa académico de la institución con otros programas similares ofrecidos por centros educativos pares o similares en los siguientes aspectos: enfoque, objetivos, perfiles y plan de estudios.

2.2. Contexto interno

El programa a la luz de la misión, la visión y los objetivos de la institución.

Desde el Proyecto Educativo Institucional contextualizar: ¿quiénes somos?, ¿cuál es nuestra realidad?, ¿cuáles son nuestras metas?, ¿cómo se van a lograr?, ¿qué tareas debe asumir el currículo respectivo?, y ¿cómo vamos a evaluarlas?

Esto se desarrollará a través de los siguientes puntos:

Compromiso:

- Con la educación infantil, básica primaria, secundaria y media vocacional.
- Con la educación centrada en la promoción de la persona humana.
- Con la formación integral.
- Con la docencia.

- Con la investigación.
- Con la proyección social, histórica y sociopolítica.

El programa a la luz del modelo formativo de la institución:

- La formación ética.
- El perfil del estudiante.
- El perfil del educador.
- El perfil del directivo administrativo.

La contextualización curricular debe realizarse siempre a la luz del plan de desarrollo del centro educativo contenido en el Proyecto Educativo Institucional, el cual debe ser revisado en forma constante.

3. Enfoque

- Presentar cuáles son las teorías y modelos que sustentan las nuevas posturas acerca de la formación y cuáles son las tendencias en el desarrollo científico, tecnológico, social, económico y personal de la disciplina o de las disciplinas propias de los programas académicos que maneja la escuela.

- Orientar la gestión curricular para poner a tono los programas con las nuevas demandas teórico - prácticas, tomando en cuenta los perfiles personal, académico y laboral.

4. Por qué y para qué una nueva gestión curricular

Una nueva gestión curricular debe responder a dos preguntas fundamentales:

¿Por qué una nueva gestión curricular?
- Anotar las causas que motivan la estructuración de la nueva propuesta curricular a la luz de las necesidades a las cuales hay que darles respuesta.

¿Para qué una nueva gestión curricular?

• Responder a esta pregunta desde los objetivos, el impacto que puede producir en la comunidad educativa y en los egresados y los beneficios que a corto y largo plazo ofrece el programa para sus futuros egresados y para el sector productivo y la comunidad en general.

5. Objetivos del diseño curricular

Formular los objetivos en términos de los logros esperados al finalizar el programa académico.

Pueden ser:

5.1. Objetivos generales

• Plantear los objetivos describiendo las condiciones de ejecución y –en lo posible– algunos criterios de evaluación.
• Relacionar lo anterior con los perfiles personal, académico y laboral pero integrados en una sola tarea formativa.

5.2. Objetivos específicos

• Estos se relacionan con los énfasis de la propuesta curricular, las áreas que conforman el plan de estudios (lo que se busca con ellas) y las asignaturas.

6. Perfiles

Describir los perfiles en términos del deber ser: perfil personal (ser), profesional (saber) y ocupacional (sabe hacer) de los futuros egresados.

6.1. Perfil personal

Se establece a la luz del modelo antropológico de la institución definido en el Proyecto Educativo Institucional. En él deben expresarse con toda claridad los principios, valores, actitudes, comportamientos y dimensiones que son necesarios desarrollar en los educandos. Este perfil personal se relaciona con el SER (principios, mínimos éticos, morales y de convivencia).

6.2. Perfil académico (pre-profesional)

Está relacionado con los saberes teórico-prácticos que deben ser adquiridos por el educando y con sus competencias básicas intra e interdisciplinarias. Se orienta a lo que se debe saber.

6.3. Perfil laboral (pre-ocupacional)

Tiene que ver con las habilidades y destrezas necesarias para asumir labores o trabajos relacionados con los aprendizajes. Se orienta hacia lo que se debe saber hacer.

Estos perfiles deben, además de estar claramente reflejados en el plan académico y formativo, en la investigación y en la proyección social (extensión).

En este punto debe incluirse un perfil básico mínimo del docente, como premisa para el logro de este perfil del educando, al igual que del jefe de área y del directivo docente; perfiles frente al ser, el saber y saber hacer (vocación-profesión-ocupación).

7. Estructuración del plan de estudios: académico y de formación

Presentar las áreas de conocimiento y de especialidad que lo integra y las asignaturas que constituyen estas áreas con la intensidad horaria, los prerrequisitos y los códigos de las asignaturas.

7.1. Organización de las áreas del conocimiento

Seguir el mismo diseño curricular aplicado al plan académico y formativo en general y hacerlo área por área:

- Reseña histórica.

- Contextos externos e internos.

- Enfoque.

- Por qué y para qué de cada una de las áreas que conforman el plan de estudios.

- Objetivos: generales y específicos.

- Preparar las asignaturas que componen cada una de las áreas definiendo los prerrequisitos y las intensidades horarias.

- Establecer los proyectos tanto curriculares como de investigación que se van a realizar en cada una de las áreas.

- Describir las actividades que se pretenden llevar a cabo en cada una de las áreas: actividades de aula y actividades extra-aula.

- Proponer y redactar la metodología que será manejada en cada una de las áreas.

- Listar los recursos humanos, instrumentales, materiales, de ayudas educativas viables, financieros, que se necesitan para implementar el trabajo y desarrollo de cada una de las áreas.

- Definir y redactar los criterios de evaluación de cada una de las áreas para hacerles seguimiento a los procesos y proyectos propios de las mismas.

7.2. Organización de las asignaturas

Elaborar los syllabus y las unidades didácticas teniendo en cuenta los elementos del diseño curricular aplicado al plan de estudios y a la organización de las áreas (de ser posible debe contener una propuesta de cronograma temático con fechas de evaluación cualitativa y cuantitativa). Es necesario hacerlo asignatura por asignatura describiendo:

- Justificación.

- Objetivos generales y específicos: se deben incluir aspectos motivacionales que expresan la filosofía del curso y de los docentes y los criterios razonables para tener éxito en el curso.

- Contenidos conceptuales.

- Proyectos: curriculares (formativos) y de investigación.

- Actividades de aula y extra-aula, y actividades de extensión (el servicio social se puede proyectar dentro de cada área/asignatura).

- Metodologías utilizadas.

- Recursos.

- Criterios de evaluación: cuantitativos y cualitativos.

- Bibliografía.
    - El(los) texto(s) básico(s).
    - Textos y lecturas complementarias.

8. Actividades curriculares

- Describir, planear y programar las actividades que acompañan el desarrollo de las áreas, los programas de las asignaturas, los proyectos específicos y generales.

Éstas pueden ser:

8.1. Actividades del aula

- Están relacionadas con las estrategias pedagógicas y didácticas que se utilizan, las ayudas educativas disponibles para el proceso de enseñanza-aprendizaje.

- Establecer, en términos generales, cómo se desarrollarán las clases metodológicamente.

8.2. Actividades extra-aula

- Se relacionan con los eventos que acompañan el desarrollo de los programas y que apoyan la capacitación, actualización o perfeccionamiento de los educandos en procesos paralelos al desarrollo de las áreas.

Las actividades extra-aula pueden ser:

- Seminarios.

- Talleres.

- Cursos de educación continua.

- Cursos libres.

- Foros.

- Simposios.

- Encuentros.

- Congresos.

- Páneles.

- Trabajos de campo.

- Visitas programadas.

- Salidas de campo.

- Otras actividades académicas. Hacer un listado de estas actividades y planeación provisional que contenga:
    - Tipo de actividades axtra-aula.
    - Título de la actividad.
    - Objetivo de la actividad.
    - Destinatarios.
    - Duración en días.
    - Organizadores responsables.

8.2.2. Para-académicas

- Asociaciones estudiantiles.

- Programas de bienestar estudiantil.

- Talleres de desarrollo personal.

- Actividades culturales.

- Actividades deportivas.

- Jornadas de desarrollo humano.

- Ejes transversales del currículo.

- Otros.

Actividades de extensión: Servicio social, educación continua, de actividades culturales, servicio social y promoción a la comunidad.

9. Metodología

- Frente a los puntos referidos a metodología, describir, de forma genérica, los procedimientos utilizados en las estrategias y actividades para la enseñanza de las áreas y de las asignaturas.

10. Recursos

Presentar la lista de los recursos que se consideren permiten operacionalizar la propuesta curricular:

10.1. Recursos humanos

Hojas de vida de los docentes con asignaturas o áreas de competencias.

10.2. Recursos físicos

Descripción de espacios (aula, laboratorios, etc).

10.3. Recursos instrumentales

Descripción de equipos, instrumental científico o técnico.

10.4. Recursos de apoyo a la docencia

Ayudas audiovisuales, tecnología informática y de punta.

10.5. Recursos financieros

Ajustarlos al presupuesto destinado para la institución, los programas, áreas y proyectos.

11. Criterios de evaluación del diseño curricular

Definir los criterios y estrategias para la evaluación de la gestión curricular y del plan académico y formativo. Para hacerlo es necesario establecer:

Criterios y estrategias para:

- Evaluación de las áreas.
- Evaluación de las asignaturas.
- Evaluación del aprendizaje.
- Evaluación de docentes y directivos docentes.
- Evaluación de la gestión administrativa.
- Evaluación de la gestión curricular.
- Evaluación de los programas y proyectos de investigación.
- Evaluación de los programas y proyectos de extensión.
- Evaluación de las actividades extra-aula.
- Evaluación de recursos.
- Evaluación del sistema de evaluación: académica, institucional, administrativa.

12. Investigación

La institución debe definir las líneas generales de investigación.

Presentar las líneas de investigación de cada área con base en:

- Historial (interno-externo).
- Capacidad endógena.
- Capacidad interinstitucional.
- Contexto interno y externo (social, económico y productivo).
- Que contemple aspectos éticos.

Para esto es necesario formular:

- Títulos de la línea.
- Justificación y marco contextual.
- Objetivos.
- Proyectos que conforman la línea.

12.1. Proyectos de investigación

Presentar los proyectos de investigación de cada línea.
Para hacerlo se sugiere que cada proyecto contenga:

- Título del proyecto
- Problemáticas por solucionar (planteamiento o formulación del problema).
- Antecedentes.
- Justificación.
- Objetivos generales y específicos.
- Factibilidad.
- Marco teórico/ conceptual/ contextual/ situacional.
- Diseño metodológico: sistema de hipótesis y variables (dependiendo del tipo de proyecto y del diseño metodológico).
- Cronograma.
- Presupuesto.

Identificar y potenciar los candidatos responsables de las líneas y proyectos de investigación anexando las hojas de vida.

13. Extensión

La institución debe definir los programas de extensión y de servicio social.

Para definir los programas de extensión y de servicio a la comunidad, es necesario formular:

- Título del programa.
- Justificación.
- Objetivos.
- Proyectos que conforman el programa.
- Actividades programadas que se realizarán en los proyectos.
- Recursos humanos
- Proyectos de cada uno de los programas de extensión.

Para este numeral tener en cuenta la forma de presentación solicitada en el numeral 12.1.

Presentar los candidatos responsables de los programas y proyectos de extensión anexando las hojas de vida.

Presentar los convenios institucionales.

14. Docencia

La institución debe definir las políticas de capacitación, actualización y perfeccionamiento docente y estructurar los programas para la formación de los educadores de acuerdo a las necesidades del P.E.I.

EL PAPEL DEL CURRÍCULO EN LA TRANSFORMACIÓN ESCOLAR

Si, concebimos el *currículum* como *la construcción social que llena la escolaridad de contenidos y orientaciones,* como lo afirma Gimeno Sacristán, (1991), la principal función del currículo es *permitir analizar los contextos concretos que le van dando forma y contenido a las prácticas educacionales y luego permitir pasar a la realidad, en términos de experiencias de aprendizaje para los alumnos, Ias construcciones sociales esperadas para producir las transformaciones que se persiguen a través de él.*

Podríamos decir que la función del currículo *es facilitar una verdadera educación puru el desurrollo individual y sociocultural;* individual, en la medida en que permita formar integralmente al hombre en sus dimensiones, valores, actitudes en cuanto a su ser, saber y saber hacer; sociocultural, en cuanto le permita a las instituciones educativas convertirse en verdaderos proyectos culturales, al ser capaces de formar a esos hombres que la sociedad necesita y demanda para producir las transformaciones que requiere.

Ningún acontecimiento, proceso o fenómeno es indiferente al contexto en el cual se produce; por lo general, el contexto los delimita, los sugiere, los demanda, los propone, los condiciona y los hace surgir. Igual ocurre con el currículo; se relaciona con el contexto, surge de las necesidades que en éste se plantean y formulan; ya sea el contexto social o el contexto educativo; ya sea el contexto pedagógico o el contexto escolar. El currículo permite articular los problemas a las posibles soluciones; permite relacionar los efectos esperados a las posibles causas que deben manipularse para conseguirlos; permite establecer relaciones de interdependencia entre las variables dependientes como problemas por solucionar y las variables independientes como posibles alternativas de solución a esos problemas.

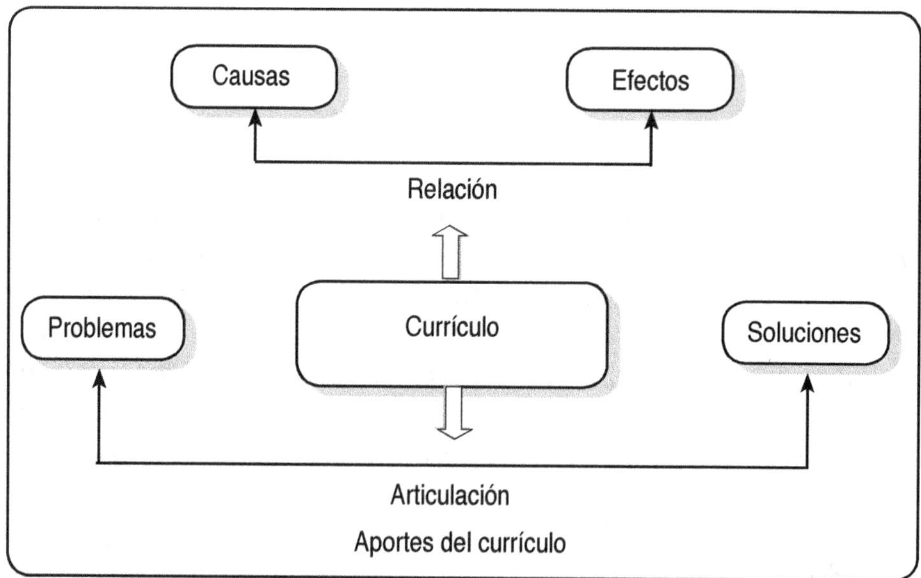

Si el currículo, evidentemente, es algo que se construye, sus contenidos y sus formas últimas no pueden ser indiferentes a los contextos en los que se configura. El currículo surge del contexto que lo demanda y se aplica en el contexto que se transforma y perfecciona con su aplicación. Esta aplicación, que permite la transformación de los contextos en los que el currículo opera, hace pensar que el *currículum* puede convertirse en una praxis.

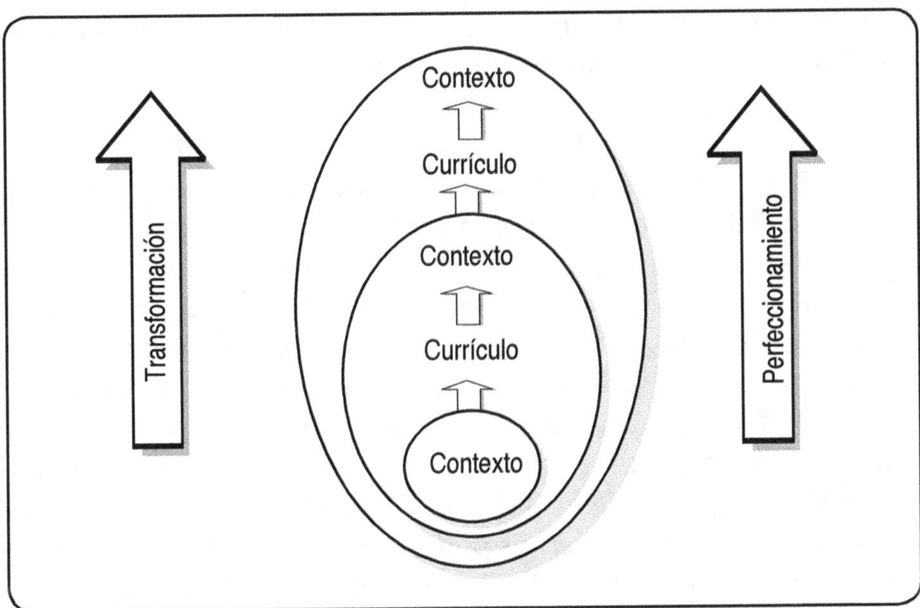

Concebir el *currículum* como una praxis significa, como lo asegura Grundy (1987), que *muchos tipos de acciones intervienen en su configuración, que el proceso tiene lugar dentro de unas condiciones concretas, que se configura dentro de un mundo de interacciones culturales y sociales, que es un universo construido no natural, y que esa construcción no es independiente de quien tiene el poder y la oportunidad para constituirla.*

Lo anterior significa, como lo expresa Gimeno (1992), que *una concepción procesual del currículum nos lleva a ver su significado y entidad real como el resultado de las diversas operaciones a las que se ve sometido y no sólo en los aspectos materiales que contiene, ni siquiera en cuanto a las ideas que le dan forma y estructura interna: encuadre político y administrativo, reparto de decisiones, planificación y diseño, traducción en materiales, manejo por parte de los profesores, evaluación de sus resultados, tareas de aprendizaje que realizan los alumnos, etc. Significa también que su construcción no puede entenderse separada de las condiciones reales de su desarrollo, y por lo mismo entender el currículum en un sistema educativo requiere prestar atención a las prácticas políticas y administrativas que se expresan en su desarrollo, a las condiciones estructurales, organizativas, materiales, dotación de profesores, el bagaje de ideas y significado que le dan forma y que lo modelan en sucesivos pasos de transformación.*

El currículo se ve afectado y condicionado por los contextos en los cuales nace, crece, se desarrolla, se reproduce y muere (dinámica del currículo). Estos contextos pueden ser: el *contexto escolar*, de aula de clase, a través del cual se aprende el cambio; el *contexto personal*, que lo impone quien lo construye según sus ideas, conceptos y proposiciones; el *contexto social*, que influye a través de los intereses del grupo social que lo espera y lo demanda; el *contexto histórico*, dado por las tradiciones y las creencias de los grupos sociales y culturales; y el *contexto político*, que surge de las presiones que ejercen los sistemas educativos para poder dar respuesta a los planteamientos políticos del gobierno de paso, que de una u otra forma responde a los requerimientos socioculturales y socioeconómicos en general y en particular.

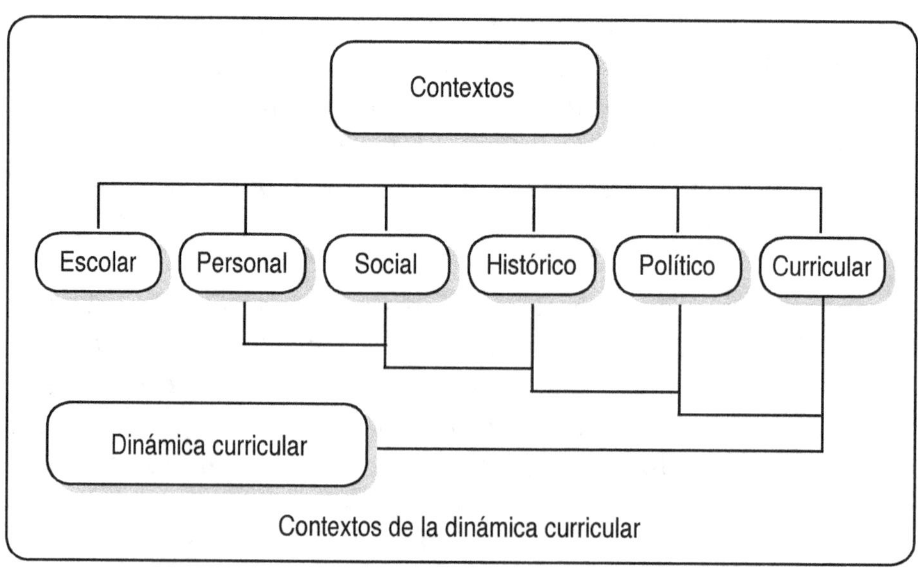

Lo anterior nos lleva a pensar que si el *currículum* se estructura a partir de los contextos escolar, personal, social, histórico y político, su papel principal es responder a los requerimientos de la institución educativa que lo necesita, al educando de la escuela que se forma a través de éste, a la comunidad que lo solicita para solucionar parcial o definitivamente –desde la educación– algunos problemas, a las necesidades históricas de transformación que implican el desarrollo sociocultural y el progreso científico y tecnológico, y a las necesidades políticas planteadas por quienes quieren organizar los sistemas educacionales.

Si esto ocurre, consideramos que el currículo debe:

1. Organizar en forma estructurada, planear y programar la escuela según su filosofía, su modelo formativo, su concepción pedagógica, su marco doctrinal, sus objetivos de formación e instrucción, sus principios filosóficos y su teleología.

2. Permitir el desarrollo y la formación integral de los educandos en sus dimensiones, dependiendo del modelo antropológico, axiológico y formativo de la institución, es decir, permitir formar el tipo de persona que se quiere, desarrollar los valores y actitudes que se esperan desarrollar en esta persona, ofrecer y asegurar los saberes académicos que se espera que manejen, y promover y lograr el desarrollo de las habilidades y destrezas, competencias y desempeños laborales que se espera que tengan. El currículo debe permitir el desarrollo vocacional en el ser, profesional a través del saber y ocupacional con el saber hacer y permitirle al educando formarse para ser y trascender y no simplemente para saber, hacer y tener.

3. Transformar las condiciones entornales y los contextos socioculturales de los cuales surgió. Debe, a través de la formación de los educandos y su transformación en líderes, lograr los cambios y progresos que la comunidad necesita. El currículo debe permitir la autogestión, el protagonismo,

el compromiso, la laboriosidad, la productividad, la participación democrática, la renovación, la innovación, la emancipación en la escuela para generar, en consecuencia, personas autogestionarias, protagónicas, comprometidas, laboriosas, productivas, participativas, renovadoras, innovadoras y creativas, que frente a los problemas de la comunidad creen y den respuestas nuevas y soluciones nuevas a los problemas, y permitan el progreso de la comunidad y desde allí, el progreso social.

4. Desarrollar históricamente a los individuos y a la comunidad. Permitir el proceso de *desarrollo ontogenético* en las personas –desarrollo bio-psico-social, de la personalidad, del carácter, del aprendizaje, del juicio moral, etc.– *filogenético* en las comunidades –evolución científica, tecnológica, social, cultural, económica–, en términos de mejorar la calidad de vida social.

5. Respetar y operar las políticas que condicionan al sistema educativo para mantener el sistema de cosas que quieren mantenerse, o para transformar el sistema de cosas que quieren transformarse.

Podríamos concluir, entonces, que son papeles fundamentales del currículo:

- Estructurar los centros educativos en función de las necesidades educativas.

- Formar integralmente a los educandos.

- Responder a las necesidades del entorno social en términos de la comunidad.

- Facilitar las transformaciones culturales que los cambios históricos demandan, y

–   Responder con pertenencia social y pertinencia académica a los requerimientos de la política general educativa y particular institucional.

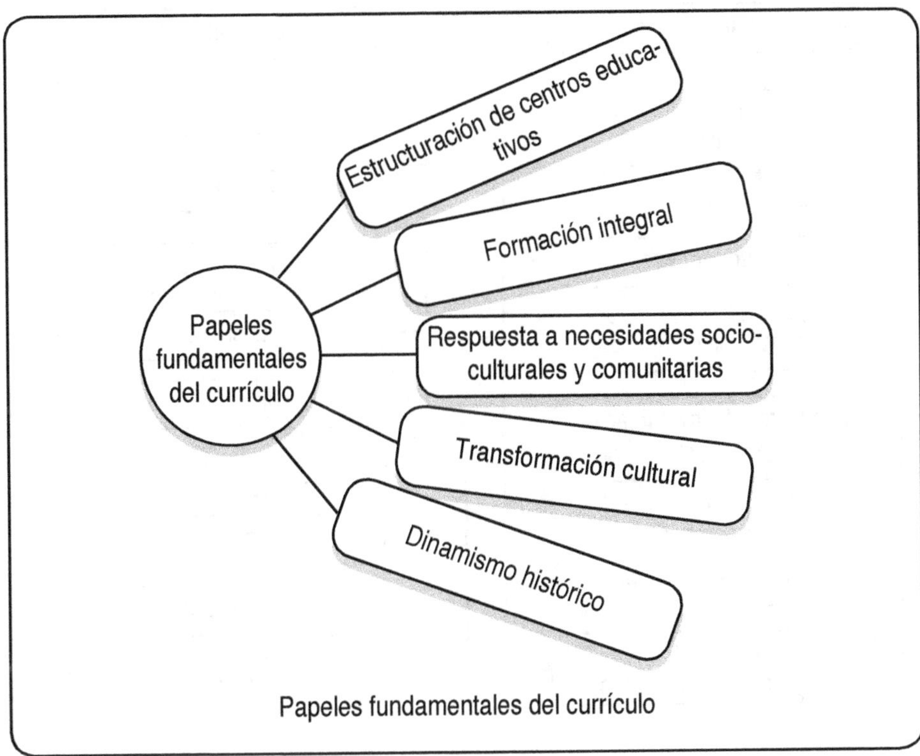

Papeles fundamentales del currículo

Para cumplir bien su papel el currículo puede utilizar todos los medios y recursos a su alcance:

a.   _Medios pedagógicos_ como propuestas metodológicas, estrategias didácticas, proyectos de investigación, programas de formación y de información, procesos de adecuación administrativa y evaluativa, etc., y

b.   Todos los _recursos_ humanos, locativos, materiales, instrumentales, tecnológicos, económicos, etc., a los que pueda tener acceso, dependiendo de la demanda de los mismos.

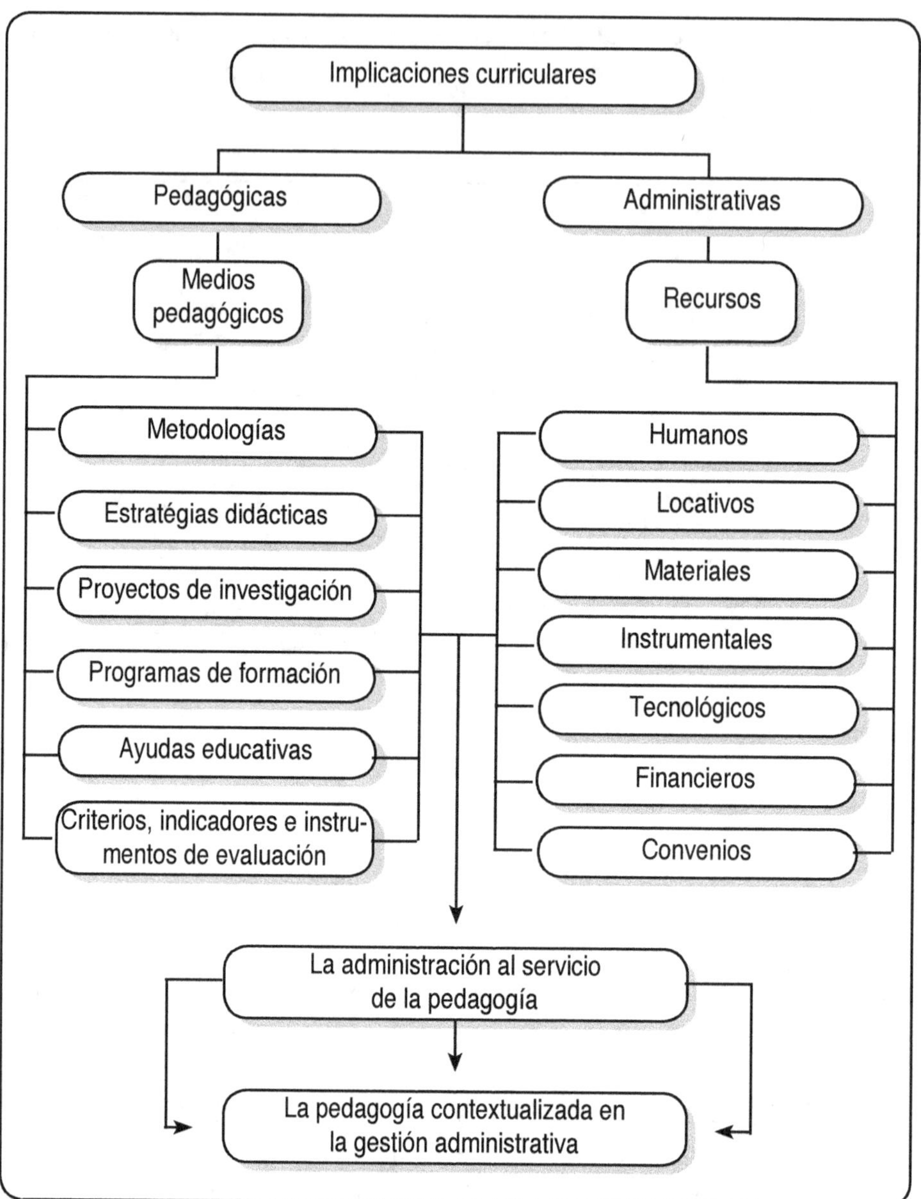

Reflexión

El principal papel que debe cumplir el currículo es el de favorecer el desarrollo humano y social, el progreso histórico-cultural y la transformación de la escuela para que, ésta última, permita, de forma permanente y progresiva, los desarrollos planteados.

Los investigadores curriculares y los diseñadores y creadores de currículos deben hacer su tarea basados en esta premisa, es decir, definir la estructura institucional, formar integralmente a los educandos desde esta estructura, responder a los requerimientos sociales, acompañar los procesos del desarrollo histórico - cultural y operacionalizar las políticas educacionales.

El currículo es un agente dinamizador de los cambios y un elemento fundamental e imprescindible en las transformaciones personales, sociales e institucionales.

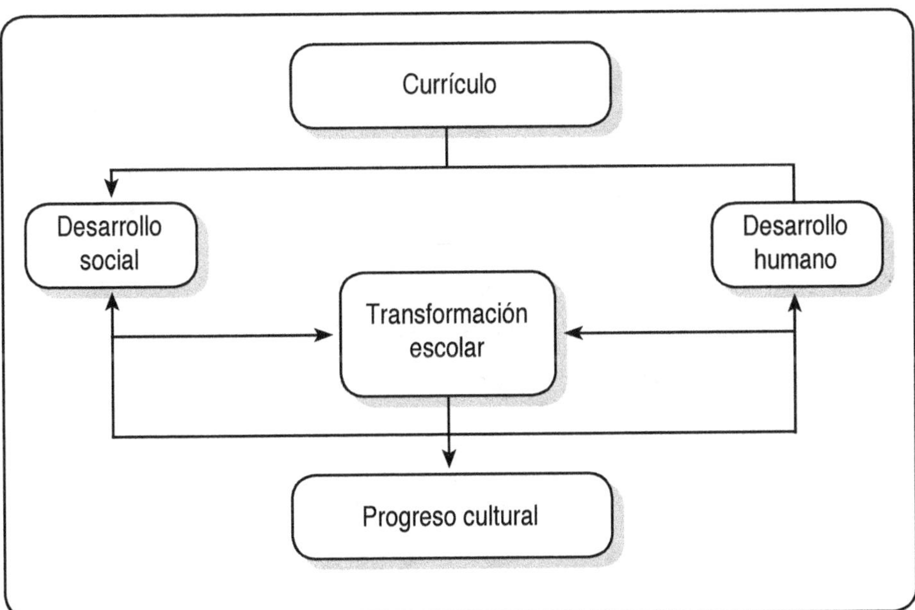

EL PAPEL DEL ESPECIALISTA EN CURRÍCULO, DEL DIRECTIVO DOCENTE Y DEL DOCENTE EN LA GESTIÓN CURRICULAR

En el enfoque y estructuración curricular deben participar todos los agentes educativos; sin embargo, dependiendo del rol que estos desempeñen dentro de la institución educativa, cada uno tiene unas funciones relacionadas con la gestión curricular.

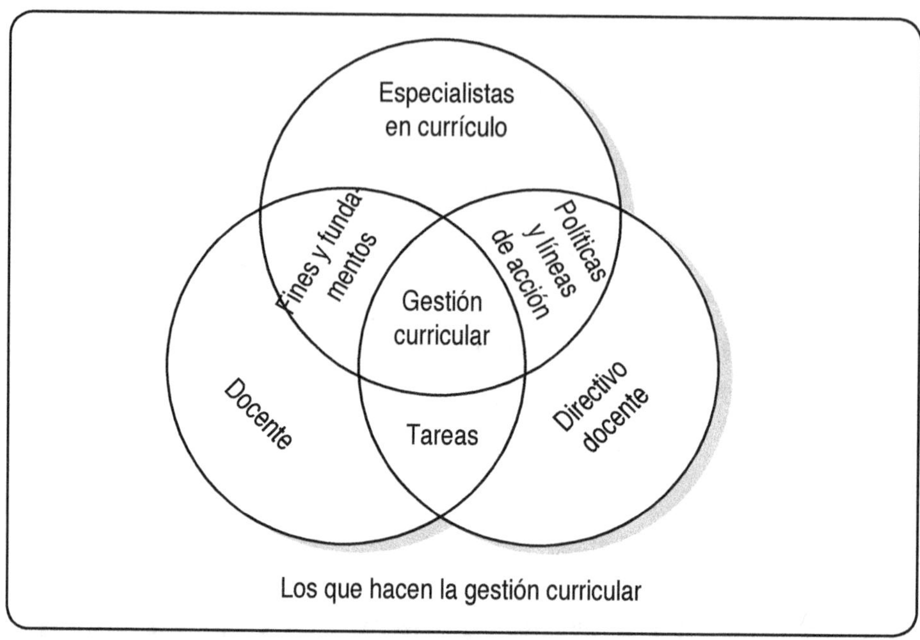

Veámoslas:

1. El *especialista en currículo,* vinculado a las unidades de currículo de los programas de educación formal del Ministerio de Educación Nacional tiene unas funciones muy concretas:

    a. Definir los fundamentos antropológicos, axiológicos, filosófico, sociológico, epistemológico, psicológico y pedagógico del currículo. Debe hacerlo de forma interdisciplinaria, ya que no abarca todos los campos del conocimiento que la gestión curricular implica.

    b. Hacerse unas preguntas muy concretas en relación con estos fundamentos:

        • ¿Qué tipo de hombre necesita formar el país?

        • ¿Desde qué principios, en y para qué valores, actitudes y comportamientos?

- ¿Qué tipo de sociedad debemos y queremos construir para este tipo de hombre y con estos valores individuales y sociales?

- ¿Qué conocimientos debe adquirir este hombre y qué habilidades y destrezas para organizar el plan de estudios pertinente?

- Dependiendo de la edad y de los procesos intelectivos, ¿cómo organizar y estructurar los programas y los carteles de alcance y secuencia para las secciones de preescolar, básica primaria, básica secundaria, media vocacional y educación superior?

- ¿Cuáles son las áreas básicas que integrarían los planes de estudio y cómo estarían estructuradas?

- ¿Cuáles serían los contenidos básicos de estas áreas del conocimiento y su graduación dependiendo de los niveles educativos y la estructura conceptual: esquemas, mapas y redes conceptuales de los mismos?

- ¿Cuál o cuáles serían los enfoques más apropiados para cada una de las áreas y los contenidos de las asignaturas de los mismos?

- ¿Cuáles serían los objetivos instruccionales de cada área y de cada asignatura?

- ¿Cuáles serían los núcleos o ejes problemáticos y temáticos que permitirían la articulación, integración y correlación entre las diferentes áreas y programas?

- ¿Cuál o cuáles serían las metodologías más apropiadas para cada una de las áreas y asignaturas?

- ¿Cuáles serían los logros esperados en el proceso de aprendizaje de las áreas y cuáles sus indicadores de logros?

- ¿Cuáles serían los procesos de pensamiento y de formación integral (espirituales, intelectivos, socio-afectivos, psicomotrices y comunicativos) que deben desarrollar los estudiantes en los distintos niveles educativos y desde las diferentes áreas y asignaturas?

- ¿Cuáles serían los indicadores de logro para estos procesos de la formación integral?

- ¿Cuáles serían los ejes transversales del currículo y sus principales programas y proyectos?

- ¿Cómo organizar los planes de estudio para las distintas instituciones escolares teniendo en cuenta la diversificación educativa? (Centros educativos pedagógicos, académicos, industriales, agropecuarios, comerciales, etcetera).

- ¿Cómo capacitar a los directivos y a los docentes de las instituciones educativas en las propuestas curriculares?

- ¿Cómo, en talleres de socialización, recolectar información que permita evaluar la propuesta curricular antes de proponerla e implementarla?

- ¿Cómo, desde los decretos y las resoluciones ministeriales, asegurarse de que la renovación o innovación curricular se dé en las instituciones educativas?

- ¿Qué estímulos y sanciones supone abordar esta nueva propuesta curricular?

- ¿Cómo hacerle seguimiento a todas las actividades, programas, procesos y proyectos curriculares de las instituciones piloto que abordan y experimentan la propuesta para evaluar procesos y resultados, hacer los ajustes y hacer la propuesta de modificaciones hasta llegar a consolidar una tarea curricular definitiva?

- ¿Cómo integrar todos los momentos y eventos anteriores en una verdadera gestión curricular que transforme la educación, cambie a los individuos y dinamice el desarrollo socio-cultural?

2. El *directivo docente* debe asumir estas mismas tareas, pero no aplicadas a nivel nacional sino directamente en su institución educativa. Para esto consideramos que debe asumir las siguientes líneas de acción para poder implementar una nueva tarea curricular:

- Preparar al personal docente de la institución en teorías pedagógicas que centren la praxis educativa con el enfoque antropológico propuesto.

- Establecer los principios filosóficos y el marco doctrinal de la institución que le permita desarrollar el modelo antropológico desde una dimensión axiológica definida.

- Identificar las condiciones educativas del entorno para las cuales se forman los educandos y a las que deben darse respuestas a corto y largo plazo.

- Estudiar sistemáticamente las políticas educativas emanadas del Ministerio de Educación Nacional, sus fines, fundamentos, principios e implicaciones para adecuar el modelo curricular y buscar la operacionalización de esos fines, principios, fundamentos y objetivos.

- Proponer un modelo pedagógico y curricular producto de los elementos anteriores que le permitan consolidar un Proyecto Educativo Institucional particular que dé respuestas a las condiciones detectadas en el estudio del entorno y le permita aportar estrategias de solución a los problemas de la formación integral de los individuos, pero también a la solución de los problemas que la comunidad tiene y que pueden solucionarse desde el sector educativo y, en concreto, desde la escuela que este como directivo docente dirige.

- Plantear y formular las políticas educativas institucionales como respuesta a estas necesidades detectadas dentro del modelo antropológico elegido, los principios filosóficos y marco doctrinal institucional, y los fines del sistema educativo propuestos por el Ministerio de Educación Nacional.

- Elaborar los marcos teórico y conceptual en torno a los cuales se inspira e interpreta toda labor pedagógica institucional y sobre la cual se inspira el planteamiento y la gestión curricular.

- Elaborar los perfiles de los agentes y actores educativos que asumirán la propuesta curricular, definiendo su manual de funciones, roles, estímulos y sanciones.

- Formular los objetivos generales y específicos para orientar la formación de los educandos desde esta nueva perspectiva curricular.

- Analizar las tareas curriculares con un enfoque sistémico, orgánico y estructural.

- Adecuar los espacios educativos para el logro de los objetivos propuestos y definir las actividades generales que deben realizarse para lograrlos organizadas en programas y proyectos pedagógicos (diferentes a los propios de las áreas académicas y programas de las asignaturas).

- Adecuar los contenidos programáticos, enfoques, objetivos, estructuras conceptuales, contenidos y metodología para el desarrollo del perfil del educando.

- Estructurar los contenidos programáticos de tal forma que se atiendan los diferentes niveles educativos que tenga la institución y establecer los programas que demanden estos procesos.

- Ayudar a seleccionar las estrategias generales que permitan operar la gestión curricular en términos de la administración de las mismas: plan de estudios, horarios, jornadas académicas, planes y programas extracurriculares, currículo oculto (ejes transversales del currículo), y currículo manifiesto (contenidos programáticos).

- Proponer los espacios y programas colaterales para facilitar el desarrollo de la propuesta: escuela de padres de familia; departamento de psicoorientación; programas de bienestar, promoción y desarrollo humano; manejo de la pastoral, la evangelización y la catequesis; programa de sexualidad, educación en valores, educación ambiental, paz y democracia, valores humanos, etc., que no pertenecen al contenido de las asignaturas de las áreas básicas, pero sí a las necesidades de formación de todo educando.

- Proponer el plan de estudios básicos de las áreas académicas y sugerir intensidades horarias para las áreas de sociales, naturales, matemáticas, idioma extranjero, idioma nativo, educación física, informática, artes plásticas y escénicas, tecnología, ética, áreas optativas y vocacionales, etc. (dependiendo de la diversificación educativa institucional).

- Prever y proveer los recursos para que la nueva propuesta curricular pueda llevarse a cabo con buenos niveles y resultados.

- Establecer los principios, criterios e indicadores evaluativos de la propuesta curricular a nivel institucional, de programas, proyectos, actividades, procesos y de resultados y reorientar el rediseño en caso de que sea necesario o pertinente.

- Trabajar hombro a hombro con el docente, en lo posible dando testimonio desde un área específica, con una asignatura a su cargo y demostrando que cuanto se propone hacer curricularmente se puede hacer. En pocas palabras, operar la propuesta en un programa concreto, con proyectos concretos y con estrategias y actividades concretas que puedan ser evaluables y que a través de ellas se pueda dar testimonio de que lo propuesto es viable y realizable.

3. El *docente,* frente a una nueva gestión curricular, debe capacitarse, actualizarse y perfeccionarse y asumir el reto de la transformación o de la innovación. Debe contextualizarse en las nuevas propuestas nacionales o institucionales y profundizar sobre estas propuestas con crítica constructiva e iniciar el proceso de transformación con autogestión, protagonismo,

compromiso, laboriosidad, productividad, participación activa, crítica constructiva, creatividad e innovación.

Al docente, frente a la nueva gestión curricular le compete, desde las áreas del conocimiento y las asignaturas a su cargo:

- Revisar los enfoques y proponer nuevos.

- Hacer los mapas conceptuales de su área y de los programas a su cargo.

- Definir las metodologías generales y especiales para abordar el proceso de enseñanza-aprendizaje.

- Proponer las estrategias pedagógicas y didácticas para operacionalizar el enfoque y las metodologías definidas.

- Producir el material de apoyo y las ayudas educativas pertinentes para poder operar el currículo en el aula.

- Velar porque el plan de estudios y los programas y proyectos a su cargo se lleven a cabo.

- Establecer los criterios evaluativos e indicadores de logro para su asignatura y área y en relación con el aprendizaje.

- Rediseñar sobre la marcha lo que desde la evaluación integral, continua y permanente se considere deba cambiar o rediseñarse.

- Hacer propuestas a su jefe inmediato, al coordinador académico, al rector o director del centro educativo sobre nuevas tareas que debe asumir la escuela dentro de esta nueva gestión curricular.

- Ser un veedor del cumplimiento de los diferentes agentes educativos y estamentos de la comunidad escolar para apoyar los procesos de cambio e innovación curricular.

- Apoyar el desarrollo del currículo oculto y los ejes transversales.

- Capacitarse dentro y fuera de la institución en las nuevas tendencias pedagógicas y didácticas de acuerdo con la nueva propuesta curricular.

- Sistematizar su experiencia docente y publicar el resultado de sus trabajos.

- Solicitar apoyo, asesoría y consultoría en los momentos de dificultad y tomar postura crítica frente a ella.

Anotación final

Lo mejor sería integrar estos tres papeles en el sentido práctico, así: que el especialista en currículo que asesora y hace consultoría al Ministerio de Educación Nacional dirija una institución educativa, en donde pueda experimentar y validar las propuestas que le va a hacer al país y, fuera de eso, dentro de su propia institución por lo menos tenga el rol docente en un área específica (disciplina) y que desde ésta valide lo que le propondrá a la escuela, y que desde la escuela valide lo que le propondrá al país. Si no es así, la gestión curricular se hace teórica y poco práctica.

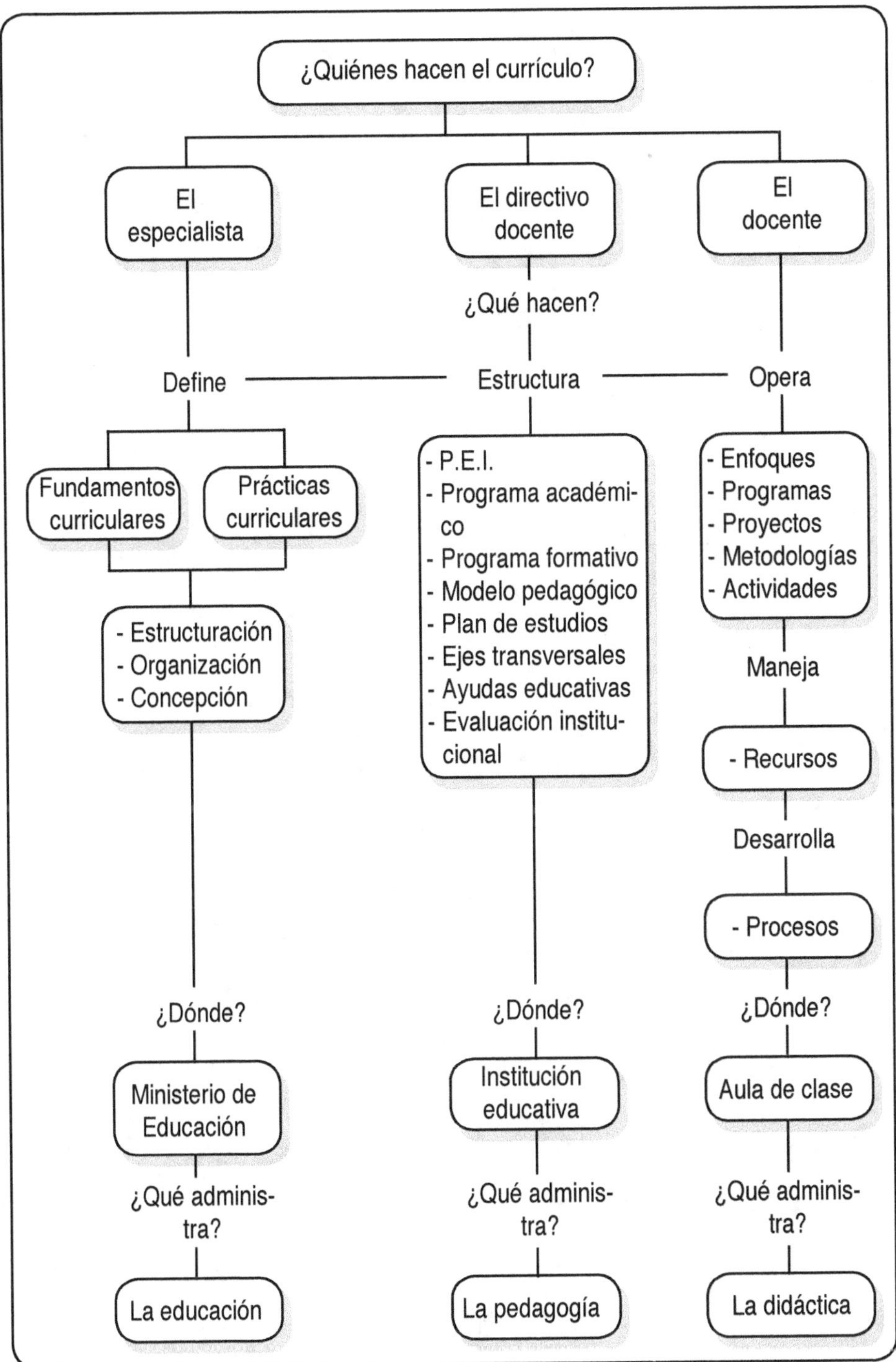
¿Quiénes hacen el currículo?
El especialista
El directivo docente
El docente
¿Qué hacen?
Define
Estructura
Opera
Fundamentos curriculares
Prácticas curriculares
- P.E.I.
- Programa académico
- Programa formativo
- Modelo pedagógico
- Plan de estudios
- Ejes transversales
- Ayudas educativas
- Evaluación institucional
- Enfoques
- Programas
- Proyectos
- Metodologías
- Actividades
- Estructuración
- Organización
- Concepción
Maneja
- Recursos
Desarrolla
- Procesos
¿Dónde?
¿Dónde?
¿Dónde?
Ministerio de Educación
Institución educativa
Aula de clase
¿Qué administra?
¿Qué administra?
¿Qué administra?
La educación
La pedagogía
La didáctica

C A P Í T U L O

12

LOS PRINCIPALES PROBLEMAS EN LAS TRANSFORMACIONES CURRICULARES

a. Contextualización

Producir cambios educativos en las instituciones implica, desde nuevos fundamentos, producir los cambios en el currículo.

Producir cambios educativos hace referencia no al cambio puntual de algunos elementos curriculares, sino al perfeccionamiento del mismo. Perfeccionar consiste principalmente en una ampliación de la concepción real del currículo y de su organización.

Podría decirse que transformar el currículo significa, de alguna manera, transformar la institución educativa desde sus objetivos y tareas hasta los medios y procesos, lo que implica también transformar a los agentes educativos y en ellos a maestros y estudiantes.

Una estrategia eficaz para la reforma curricular requiere de una metodología especial que debe tener en cuenta los siguientes principios:

1. El cambio del currículo requiere una secuencia sistemática de trabajo, que trata todos los aspectos del currículo desde los objetivos hasta los medios.

2. Una estrategia para el cambio del currículo comprende la creación de las condiciones para el trabajo productivo.

3. Efectuar el cambio del currículo implica una gran preparación. Es necesario aprender nuevas destrezas, adquirir nuevas perspectivas cognoscitivas, y es indispensable iniciar nuevos modos de pensamiento.

4. El cambio siempre encierra factores humanos y emocionales. Para cambiar el pensamiento sobre el currículo se necesita también cambiar las actitudes de la gente hacia lo importante, y las percepciones acerca de las funciones, los propósitos y la motivación.

5. Efectuar cambios significa destruir la dependencia de hábitos anteriores y técnicas de trabajo, cualesquiera fuesen los significados personales que estos posean.

6. Trabajar en equipo significa aprender nuevas técnicas que superen los simples trabajos en grupo.

7. La elaboración de nuevos currículos es extremadamente compleja, requiere muchos tipos de competencias en combinaciones diferentes y en diversas etapas de trabajo. Estas competencias deben ser organizadas en equipos de

trabajo efectivos, de manera que permitan disponer de todos los recursos.

8.   Manejar un cambio curricular requiere del liderazgo invididual, grupal, institucional y comunitario.

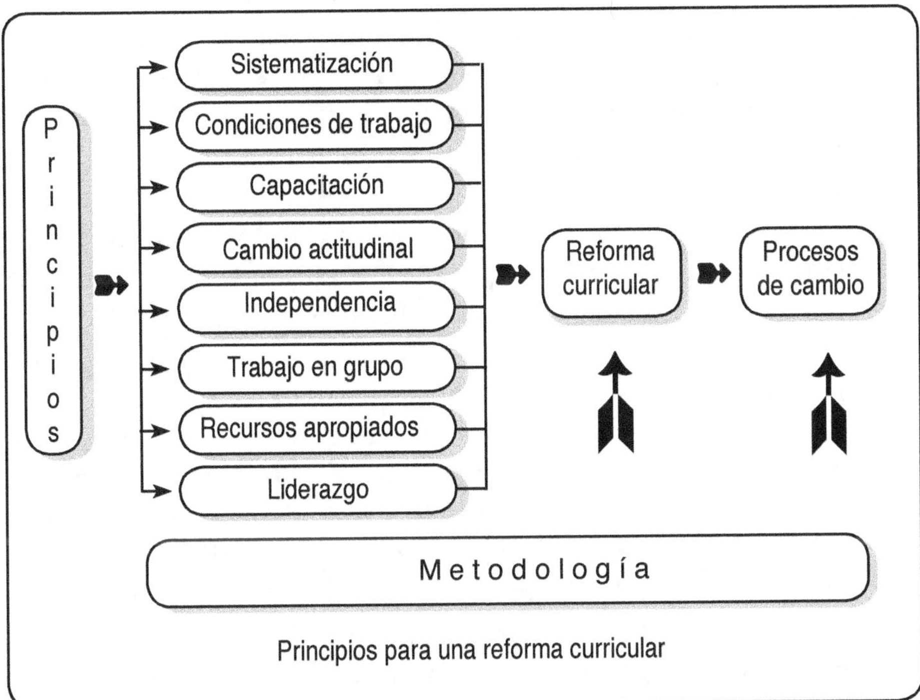

Principios para una reforma curricular

Si los principios anteriores se establecen como condiciones para asegurar los procesos de cambio y de reforma curricular, no tenerlos en cuenta genera los principales problemas. Podríamos caracterizarlos así:

b.   Problemas en la reforma del currículo

1.   Hacer cambios fragmentarios, puntuales y no estructurales, en los elementos y no en la totalidad es un problema curricular; por ejemplo: cambiar los objetivos manteniendo invariables los contenidos, las estrategias de enseñanza, los

recursos, los métodos, las condiciones de trabajo, las formas de evaluación no producen cambio.

Si el cambio se hace en un sólo sector, y no de forma integral y holística, es decir, si no se cambian consecuentemente los demás elementos involucrados en el currículo, el cambio curricular no se dará; se producirá un seudocambio que no llevará a innovaciones. No se pueden remendar las partes, es necesario transformar el todo. Para esto es necesario tener una visión estructural y transformar los elementos curriculares, sus funciones, sus relaciones y el sentido de totalidad que estos elementos, funciones y relaciones, implican.

2. Si no se crean las condiciones para que los cambios curriculares se den, estos se quedarán planteados teóricamente pero no podrán ser operacionalizados en la praxis.

Las condiciones educacionales que deben cambiarse se reflejan en las transformaciones que ocurren en la escuela a nivel de políticas educativas, nuevos objetivos específicos y fines formativos, diferentes formas de la administración educativa, cambio en las concepciones pedagógicas y en las estrategias didácticas, cambios en las actitudes de los agentes educativos, en especial de los docentes y directivos educacionales, adecuación de nuevos recursos, creación de nuevas estrategias en los procesos de formación y de enseñanza aprendizaje, cambios en los principios y criterios evaluativos y en los instrumentos de seguimiento y control al proceso curricular, cambio en la concepción del Proyecto Educativo Institucional, de los escenarios de desarrollo y de las condiciones de ejecución.

Estos cambios demandan nuevos fundamentos legales, antropológicos, axiológicos, epistemológicos, metodológicos, sociológicos, psicológicos y pedagógicos; nuevas concepciones psicopedagógicas y procesos didácticos, lo que implica una nueva forma de administración curricular y unas condiciones de ejecución diferentes que respondan al nuevo contexto.

Si estos elementos no se dan, el currículo será laborioso pero no productivo; los agentes educativos estarán siempre ocupados trabajando en el cambio, y éste no se dará por cuanto las condiciones no responden a los nuevos contextos, enfoques y paradigmas. Cambiar de paradigma curricular implica innovar la forma de sentir, pensar y actuar el currículo y es necesario crear (no adecuar) las nuevas condiciones para eso.

3. Hacer los cambios curriculares sin cambiar a los agentes educativos no favorece el proceso de transformación. Es necesario sensibilizar hacia el cambio, convencer, capacitar, actualizar y perfeccionar a los agentes educativos y hacerlo no por procedimientos impuestos, sino promoviendo los cambios voluntarios. Los cambios voluntarios nacen de la voluntad propia, del interés personal, de la motivación endógena; por el contrario, los cambios impuestos provienen del sometimiento, de la obligatoriedad, de la norma, de la obediencia, del amedrantamiento.

Es necesario, entonces, que las renovaciones curriculares surjan de la propia iniciativa de los agentes educativos dentro de los centros educacionales, producto de la voluntad de cambio, nacidos del interés por mejorar y cualificar los procesos y condiciones en los cuales se da la labor educativa, generadas por las expectativas de innovación, investigación y experimentación, de los intereses por lograr mejores procesos y productos y movidos por la convicción de que es necesario cambiar, pues se ha soñado y planeado un nuevo deber ser, se ha evaluado el quehacer, se han identificado y establecido las necesidades y se han tomado voluntariamente, de forma individual y grupal institucional, las decisiones para buscar nuevas alternativas y mejorar.

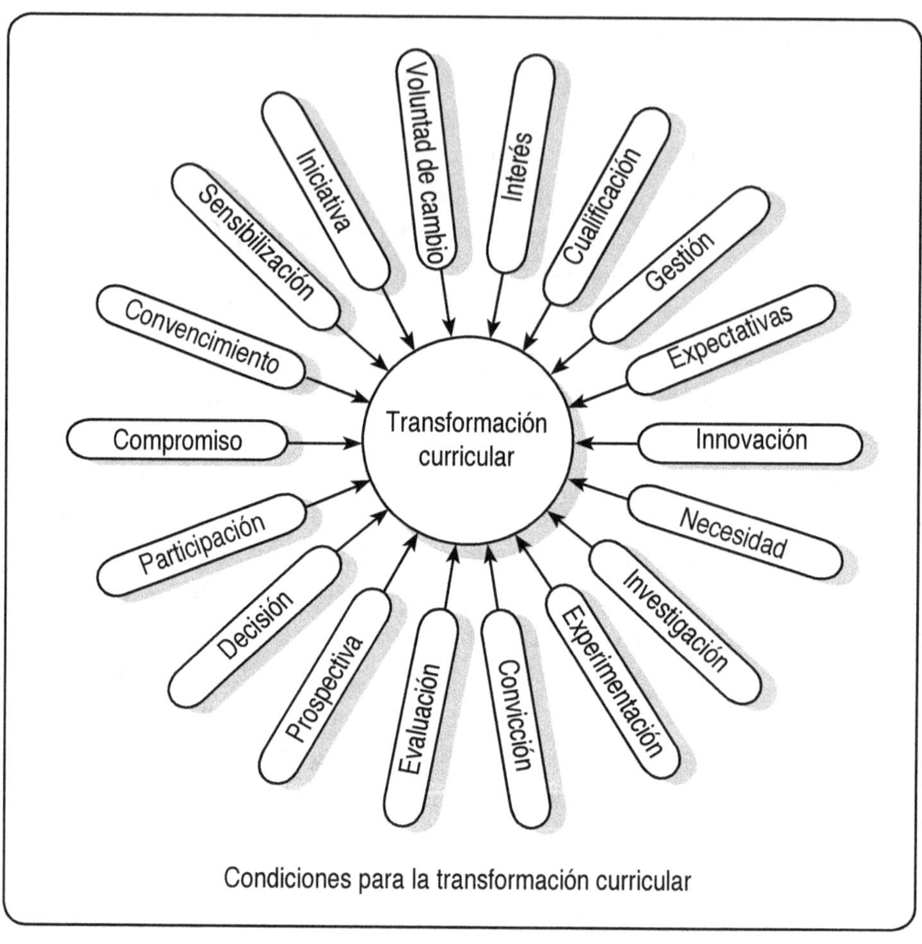

Condiciones para la transformación curricular

Los cambios impuestos, por el contrario, son aquellos donde se les obliga a las personas y a las instituciones a asumir posturas diferentes que no se han sentido, pensado, ni madurado; para tal efecto es necesario normatizar y obligar al cumplimiento de las normas establecidas, posiblemente de forma arbitraria. En estos cambios no se da la participación de los grupos y personas que deben asumir el cambio; entonces éste se vuelve una obligación, y para lograrlo se utilizan procedimientos no motivacionales.

Se presenta un problema curricular si los cambios no se dan producto del desarrollo actitudinal, del convencimiento y de la vivencia de la necesidad de cambio, pues los cambios impuestos por las normas por sí mismos no aseguran la transformación, más bien indisponen y condicionan y, por tanto, se convierten en pésimos e inadecuados procesos y medios para generar innovación.

Si no hay sensibilización y capacitación para el cambio curricular, esta condición impedirá la innovación curricular.

4. No basta cambiar de actitud y con ésta querer hacer los cambios; es necesario cambiar la forma de pensar y de actuar, no sólo el ser que cambia facilita la transformación curricular; éste ser debe aprender el nuevo saber y saber hacer el nuevo quehacer. La actualización y el perfeccionamiento docente en las áreas del saber científico y pedagógico deben favorecer el cambio curricular. Si estos nuevos saberes y quehaceres no se dan, el currículo permanecerá igual en la práctica, así teóricamente se haya reconceptualizado.

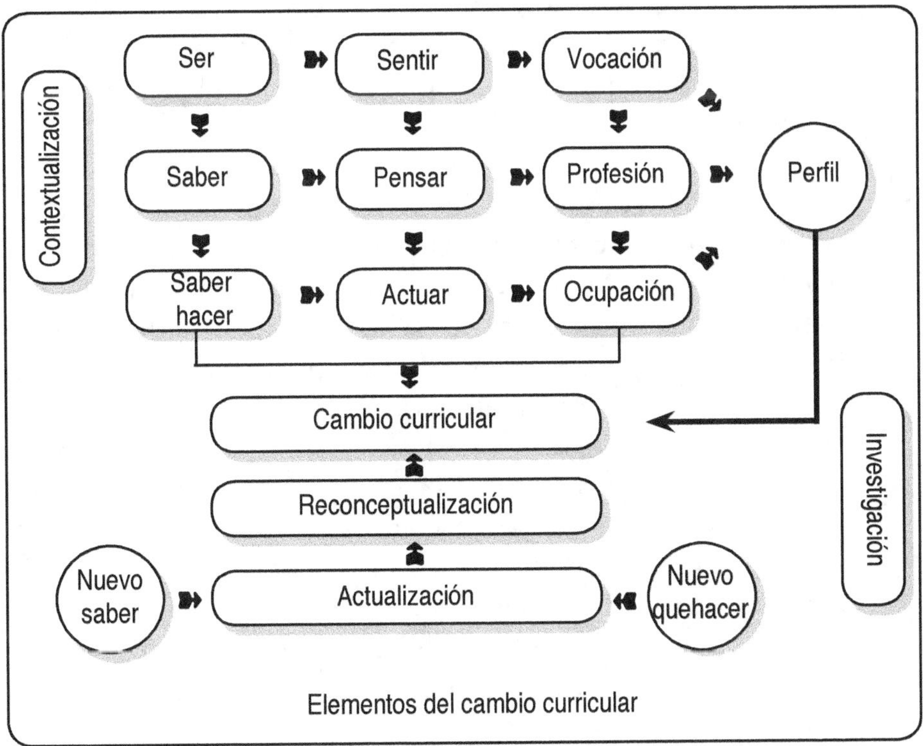

5. Otro problema curricular es que los docentes y demás agentes educativos quieren lograr los cambios utilizando los viejos procedimientos, los métodos tradicionales, los recursos convencionales y las fórmulas que heredaron de los modelos curriculares anteriores.

    Estos viejos modelos siguen en las aulas de clase en los procesos de transmisión-asimilación de conocimientos, en las estrategias didácticas de enseñanza y no de aprendizajes significativos, en los mismos reglamentos estudiantiles y manuales de convivencia, en las formas tradicionales de la evaluación de conocimientos y no de seguimiento integral y permanente a todos los procesos que implican el desarrollo integral individual e institucional. No se puede cambiar la forma de operar el currículo con sólo soñar cambiar; es necesario desechar las recetas de cocina, las propuestas de los expertos, las camisas de fuerza, los procedimientos tradicionales obsoletos. Es indispensable abandonar el paradigma del que se quiere desprender para iniciar la construcción del paradigma curricular que lo irá a reemplazar. Éste aún no está construido y es necesario investigar y experimentar al respecto.

6. Los cambios deben surgir de la comunidad educativa, de los colectivos docentes y grupos académicos, de la reflexión y concientización; no deben darse de forma individual solamente; es necesario contagiar a los estamentos educativos e iniciar el proceso de cambio. Si esto no se hace, quienes no quieren cambiar presionan para no dejar hacer los cambios, entran en conflicto, desestimulan a los que cambiaron, lesionan los procesos y se convierten en agentes retardatarios, que manifiestan fracasos, indisponen y generan incertidumbres. Es inevitable involucrarlos a todos en el cambio, pero de forma participativa: construyendo el cambio, no sólo adhiriéndose a los que cambian y cambiando sin saber por qué lo hacen y sin entender los nuevos roles y retos que implican la transformación.

7. Otro problema frente al cambio curricular es no dar el tiempo prudente para que el cambio se dé, luego de experimentarlo y ajustarlo. Si se cree en la nueva teoría curricular, pero no se disponen las condiciones administrativas, locativas y logísticas: tiempos, espacios, procesos, proyectos, actividades, etc., necesarias, no se da la transformación curricular; se aceptarán nuevas actividades que dieron resultado y se tomarán como definitivas algunas conclusiones provisionales.

El cambio curricular demanda planeación, programación, experimentación, investigación y contextualización, y para esto es necesario invertir tiempo y recursos. La falta de paciencia en los cambios curriculares es otro problema que impide la renovación.

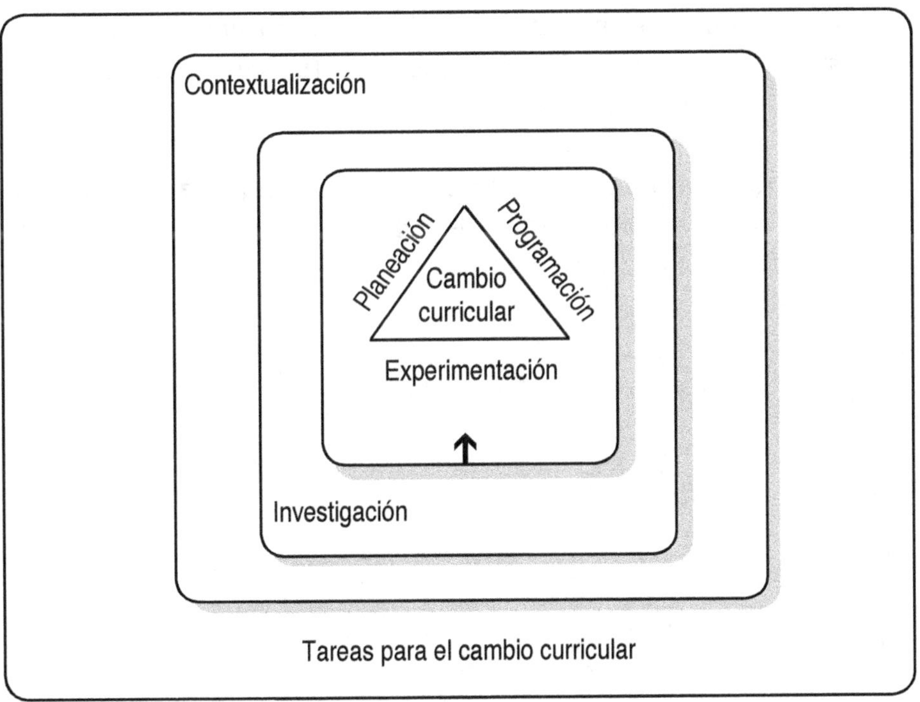

8. Para el cambio curricular se necesitan líderes transformacionales que den testimonio del cambio, líderes que por su autoridad epistemológica ayuden a motivar a quienes no

creen en el cambio. El testimonio de cambio en la forma de sentir, pensar y actuar es característica necesaria del líder que patrocina y promueve los cambios curriculares. La fundamentación teórica no basta, es necesario dar testimonio cambiando las formas de enseñanza, la estructuración administrativa, las actitudes y comportamientos, los procesos evaluativos, la planeación de contenidos por procesos formativos, las políticas educativas, los procedimientos académicos y comportamentales, etcétera.

En conclusión, el cambio curricular tiene todos los mismos problemas que implica un cambio educacional, pues la renovación curricular es la respuesta operativa a la renovación educativa y pedagógica, pues el currículo permite operar en la praxis la teoría educacional, y ésta contextualiza a la teoría curricular. Por esto, puedo afirmar que *cambiar el currículo significa cambiar las instituciones educativas y a las personas que en ella forman y se forman.*

La etnometodología es una excelente alternativa para contextualizar y fundamentar los cambios curriculares y de las instituciones educativas.

LA INVESTIGACIÓN EVALUATIVA APLICADA A LA GESTIÓN CURRICULAR Y AL PLAN DE ESTUDIOS

La investigación evaluativa se ha convertido hoy en día en un tipo de investigación social aplicada a los campos de la educación, la salud, el desarrollo comunitario, la agricultura y otros, pero especialmente a la educación, al currículo y al desarrollo de la comunidad. La investigación evaluativa puede convertirse en la metodología más apropiada para la evaluación de programas, proyectos educativos, currículos y planes de estudio.

Existen diferentes tipos de investigación evaluativa que puede facilitar los procesos de autoevaluación y acreditación institucional y de autorregulación curricular; entre los más representativos están:

- La evaluación intermedia
- La evaluación terminal
- La evaluación diagnóstica
- La evaluación formativa
- La evaluación sumativa
- La evaluación interna
- La evaluación externa
- La evaluación de procesos
- La evaluación de impacto
- La evaluación institucional
- La evaluación de programas
- La evaluación participativa

La *evaluación intermedia* permite recolectar información a lo largo del proceso de desarrollo de los programas y actividades con el propósito de encontrar los problemas de funcionamiento, presentes y venideros, que surgen en estos para poder establecer oportunamente las soluciones pertinentes y adecuadas a los mismos. Ayuda a evaluar los resultados parciales de la dinámica global de programas y actividades y los factores que facilitan y dificultan el logro del propósito principal terminal. A estas evaluaciones intermedias se les acompaña de una evaluación terminal con la finalidad de establecer si se logran los resultados esperados. En este caso las evaluaciones intermedias son descriptivas, interpretativas y pragmáticas, y orientan el rediseño.

La *evaluación terminal* es metodológica, rigurosa, explicativa, objetiva y generalizadora, y permite analizar de forma definitiva el logro o no de los objetivos propuestos y la pertinencia o no de los programas y proyectos realizados y la calidad de los mismos.

Por el carácter de estas dos evaluaciones, la primera –la intermedia– puede ser realizada por los agentes involucrados en los programas, proyectos, actividades, procesos, etc., a evaluar; en cambio, la última –evaluación terminal– la realizan evaluadores expertos, manejan las causales de los resultados por obtener.

La *evaluación diagnóstica* permite partir de las condiciones reales que se tiene antes de asumir la tarea de formación o instrucción (conductas de entrada, contextos, condiciones reales, etc.,), para adecuar los programas, proyectos y procesos que desde el currículo deben implementarse: hacer seguimiento permanente a ese currículo que responde a las necesidades detectadas para perfeccionar permanentemente los procedimientos de formación; verificar los productos que se vienen logrando con la aplicación del currículo con el propósito de analizar su operacionalización en el aula, sus ventajas, limitaciones, etc.

En la educación se ha confundido a la evaluación diagnóstica con los pretest que se aplican a los estudiantes para saber si dominan las asignaturas que debieron haber cursado antes de entrar al curso al cual se han inscrito; se entiende entonces por evaluación diagnóstica un examen de admisión, lo que es un error, pues el diagnóstico pretende indagar sobre las dimensiones espirituales, cognoscitivas, socioafectivas, psicobiológicas, intelectivas, comunicativas, históricas, sociales y culturales de los educandos y no sólo sobre los saberes y los requisitos académicos para iniciar un curso o unidad didáctica. La evaluación diagnóstica debe permitir contextualizar la situación concreta en la que se encuentra inmerso quien se educa, y no solamente saber acerca del dominio de los conocimientos adquiridos.

En educación también se ha confundido a la *evaluación formativa* con la forma de saber si el estudiante está cumpliendo con todas las tareas y actividades propuestas por el docente y con sus actitudes, aptitudes y comportamientos; la evaluación formativa evalúa es al currículo, a la forma como se generan los procesos y proyectos para que el discente logre los objetivos propuestos; está entonces orientada a los procesos metodológicos, pedagógicos, didácticos y educativos a través de los cuales se realiza la acción educativa y formadora y no sobre las tareas y acciones que los estudiantes ejecutan.

En educación también se ha confundido a la *evaluación sumativa* con las previas, exámenes y demás mediciones que, realizadas por los docentes, se traduce a notas cuantitativas para los estudiantes, ligadas éstas al aprendizaje o al comportamiento de los educandos; la evaluación sumativa es la cuantificación objetiva del resultado del proceso educativo que define, con datos concretos y en cifras estadísticas, cuántos estudiantes aprueban, cuántos reprueban, cuántos repiten, cuántos habilitan, cuántos logran los objetivos o cuántos no, para poder a partir de estos datos, evaluar claramente la pertinencia de la gestión curricular y de los procesos pedagógicos y didácticos empleados.

Por lo anterior, no es lo mismo hacer exámenes de admisión, previas, exámenes y seguimiento a las tareas escolares, que contextualizar el proceso educativo, adecuar currículos, definir estrategias pedagógicas y didácticas y saber con certeza la validez de esas estrategias en función de los logros esperados.

Las instituciones educativas deberían corregir esta falsa forma de interpretar lo diagnóstico –mirar lo que hay y no lo que debería haber–, lo formativo, que evalúa a las personas y no a los procesos y proyectos a través de los cuales éstas se forman; y lo sumativo, que pone notas y promueve a los estudiantes y no que detecta cuantitativamente el nivel de aciertos y desaciertos.

La *evaluación interna y externa* recibe su nombre dependiendo del agente educativo que las utiliza; si es realizada por los agentes educativos que pertenecen al P.E.I., a los programas y proyectos (directivos, docentes, estudiantes, padres de familia, personal administrativo, etc., relacionados con el gobierno escolar) se considera evaluación interna, y ésta tiene como propósito permitir analizar los resultados alcanzados dentro de estos programas o proyectos, tomando como referencia los objetivos que se hicieron explícitos en la iniciación de los mismos. Pero si la evaluación es realizada por evaluadores externos que no tienen ningún tipo de contacto con los agentes educativos institucionales, que tienen sus propios criterios e indicadores de evaluación y estos son independientes de los propuestos por la institución, a este tipo de evaluación se le denomina externa.

La *evaluación de procesos* permite analizar los fundamentos y la dinámica de los programas tomando como focos de evaluación los elementos que los componen, las funciones de estos elementos, las relaciones entre ellos y el sentido de estos –elementos– y estas –funciones y relaciones–, en función del impacto esperado; podría entonces llamarse también por su carácter, evaluación estructural.

La *evaluación de impacto* es la que permite determinar con certeza y confiabilidad el logro de los objetivos de un programa al identificar claramente, en el plano real de la operacionalización de los mismos proyectos y programas , sus bondades, aportes y beneficios.

La *evaluación institucional* se refiere a aquélla que toma como focos evaluativos o centro de atención a las funciones que la institución debe cumplir; en el caso de las universidades a la investigación, la docencia y la extensión; en el caso de los centros educativos de educación preescolar, básica primaria y secundaria y de media vocacional al proceso de formación integral explicado en el P.E.I.

En la *evaluación de programas* se evalúan los proyectos y las actividades a través de las cuales estos se desarrollan; se evalúan con criterios que surgen de los objetivos planteados y de las tareas propuestas a la luz de los espacios y tiempos destinados para ellas; evalúa entonces los objetivos del programa, las actividades realizadas, los recursos utilizados, el tiempo empleado para lograrlas y los niveles de acierto o desaciertos en función de costos y materiales empleados.

La *evaluación participativa* es la que es realizada directamente por los agentes que participan en el programa, proyecto, actividad o proceso, lo que permite a las personas involucradas cumplir mejor sus tareas y lograr de mejor forma propósitos individuales y grupales, lo que le permite el desarrollo institucional, grupal e individual; también permite en los programas y proyectos detectar mejor los problemas, proponer soluciones más viables y realistas, comprometerse más con los proyectos y sus objetivos y lograr soluciones definitivas y no solamente provisionales.

Las evaluaciones participativas permiten conciliar los propósitos con los objetivos y los diseños metodológicos, con la planeación, la programación y la parcelación, como también implementar formas de trabajo responsable, comprometer a los agentes educativos, mejorar el nivel personal e institucional, formalizar metodologías, evitar la competencia profesional, facilitar el liderazgo transformador, disminuir costos, etc.

Estos distintos tipos de evaluación como formas de la investigación evaluativa pueden operarse a través de *modelos de evaluación* que, a manera de esquemas o diseño, técnicas o procedimientos, permiten recolectar la información y hacer un análisis de ésta para obtener, en definitiva, los principales resultados del proceso de la investigación.

Es posible distinguir dos tipos generales de modelos evaluativos:

1.   Los modelos analíticos.
2.   Los modelos globales.

Los *modelos analíticos de evaluación* son explicativos y objetivistas y con ellos se pretende dar explicaciones a las formas de funcionamiento de los programas y a encontrar las causas que producen los resultados encontrados, SENA estos buenos o malos. Éstas causas pueden ser de cualquier tipo; estructurales, funcionales, organizacionales, motivacionales, comportamentales, actitudinales, etc.

Los *modelos globales de evaluación* son interpretativos y comprensivos, ya que permiten establecer el significado de las acciones y de las actividades que se desarrollan en los proyectos y programas. Su enfoque globalizador y holístico, que no busca causas ni efectos, sino que interpreta y comprende procesos por ser epistemológicos pueden convertirse en subjetivos.

Por lo anterior, los modelos analistas tienden a utilizar información cuantitativa o cuantificable, sin excluir la información cualitativa que en ellos es complementaria; por el contrario, los modelos globales le dan énfasis a la información preferentemente cualitativa.

Entre los modelos analíticos más comunes se encuentran:

1.   El modelo CIPP
2.   El modelo de referentes específicos
3.   El modelo focalizado

Entre los modelos globales interpretativos el más común es el iluminativo.

Estos modelos se han considerado también por algunos investigadores en evaluación educativa, entre ellos Guillermo Briones, como tipos de evaluación y por esto se les ha denominado también evaluación focalizada, evaluación de referentes específicos y evaluación iluminativa. Veámoslos:

La *evaluación* CIPP, Contexto-Insumo-Proceso-Producto, permite delimitar, definir, obtener y proporcionar informaciones útiles para valorar o ponderar decisiones alternativas; estas decisiones pueden ser tomadas para planear, estructurar, implementar o rediseñar programas.

La información para los cuatro tipos de decisiones a tomar dentro de un proyecto o programa deben provenir directamente de cuatro tipos de evaluaciones que son las que le dan el nombre al modelo que las utiliza, estas son: la evaluación contextual, la evaluación de insumos, la evaluación de procesos y la evaluación de productos.

La *evaluación contextual* es exploratoria y ubica los problemas o necesidades por resolver en determinado contexto: social, económico, político, cultural, pedagogía, didáctica, educativos, etc., y a partir de él diseñar y formular los objetivos específicos sobre los cuales puede diseñarse el programa.

La *evaluación de insumos* permite definir los recursos que se necesitan para lograr los objetivos generales y específicos y la forma como estos deben ser utilizados, es decir, cuándo, cómo, quién los usa, dónde, etc.

La *evaluación de procesos* permite establecer si la estrategia de utilización de los insumos es la apropiada, si se aplica o no de forma pertinente.

La *evaluación del producto* interpreta el logro de los objetivos, especialmente a su terminación. Esto se logra comparando el producto con las expectativas iniciales y los indicadores de logro planteados.

El *modelo de referentes específicos* propuesto por Guillermo Briones, se apoya en las características generales de los programas que han previsto en sus objetivos unos determinados resultados y le permite al investigador evaluador valorar los componentes específicos del programa. Este modelo, llamado también *evaluación de referentes*, permite identificar los elementos que deben evaluarse, calcular la necesidad y la pertinencia de la información que debe obtenerse, asegurar la participación interesada y comprometida de los individuos y del grupo que intervienen en el proyecto o programa, definir claramente el objetivo de la evaluación, describe y analiza el resultado de la evaluación, comparar estos resultados con patrones para poder dar un juicio de valor, producir los informes pertinentes y apropiados a quienes lo necesitan, en este caso a quienes tienen en sus manos la toma de decisiones. Este modelo permite evaluar el contexto, los objetivos, los recursos, el funcionamiento de estos a la población involucrada en el programa y a los resultados (previstos e imprevistos), lo que permite valorar los niveles de efectividad, eficiencia y eficacia del programa o proyecto.

El _modelo de evaluación focalizada_ permite identificar y organizar a las personas relevantes que toman las decisiones y a los usuarios que esperan la información, estableciendo los criterios de organización, identificar y focalizar las preguntas que permiten hacer la evaluación relevante, definir los métodos de evaluación seleccionando la información que permite la toma de decisiones, ofrecer los espacios y tiempo para el análisis y la interpretación de esta información por parte de los evaluadores y de los usuarios del producto de la evaluación, permite la negociación y la cooperación a la hora de la publicación y diseminación de los resultados.

La _evaluación iluminativa_ representa un enfoque cultural, etnográfico, de naturaleza holística en el cual no hay preocupación por el análisis de los componentes, ni de las variables intervinientes, ni de los controles de tipo experimental, pues se apoya preferentemente en el paradigma subjetivista en el que prevalece la información cualitativa y que busca, finalmente, no la explicación de los procesos sino la interpretación de ellos y de lo que significan para el mismo proceso de evaluación y para la interpretación de los resultados.

Esta _evaluación iluminativa_ pretende contribuir a la toma de decisiones mediante informaciones, comentarios y análisis destinados a aumentar el conocimiento y la comprensión del programa. En esta forma de evaluación se identifican y discuten los problemas, se definen líneas temáticas de indagación particulares y se contextualiza en un marco conceptual subyacente que permite interpretar los resultados, desde la postura subjetiva del evaluador y no necesariamente desde los datos objetivos problémicos del programa o del proyecto.

Aplicar todas las anteriores formas de evaluación en los procesos de autorregulación curricular, en especial de la autoevaluación institucional permitirían realizar una evaluación integral a los programas y proyectos institucionales o de las diferentes áreas; lo que sin lugar a dudas facilitaría detectar debilidades y fortalezas, oportunidades y amenazas y tomar un juicio crítico frente a éstas para facilitar los procesos de toma de decisiones y de rediseño.

Recordemos que la investigación evaluativa se aplica a programas y proyectos y a sus estrategias de operacionalización como son las actividades, los procesos y los recursos y no necesariamente a los aprendizajes como se ha venido tomando últimamente por la transformación de los sistemas de evaluación en la educación básica y media vocacional.

En conclusión, la investigación evaluativa integral es un excelente aporte al proceso de autoevaluación y acreditación institucional y curricular, más aún si en ella se tiene en cuenta todos los tipos, formas y modelos de evaluación, entre ellos: intermedia, terminal, diagnóstica, formativa, sumativa, interna, externa, participativa, analítica, globalizada, contextual, de insumos, de procesos, de programas, de productos, de referentes específicos, focalizada e iluminada.

LINEAMIENTOS CURRICULARES, COMPETENCIAS, DESEMPEÑOS, LOGROS E INDICADORES DE LOGRO

Cómo integrarlos en la estructuración de estándares curriculares

Mejorar la calidad educativa implica, no solamente, ampliar la cobertura, sino también, redefinir los estándares curriculares y asegurar altos niveles en el desarrollo de los procesos formativos en la educación integral que imparten las instituciones a través de sus proyectos educativos

Iniciando el siglo XXI, en los países latinoamericanos se vienen haciendo grandes esfuerzos para cualificar los procesos educativos capacitando, actualizando y perfeccionando a los docentes, pero también, haciendo adecuaciones especiales, desde la investigación educativa, para proponer nuevos modelos pedagógicos, diseñar y aplicar nuevas estrategias didácticas, desarrollar la gestión curricular y establecer nuevos criterios, contenidos y formas para la evaluación integral y del aprendizaje. En Colombia, a manera de ejemplo, el Ministerio de Educación propuso la resolución 2343 de 1996 que fundamenta los nuevos contenidos de la actual evaluación (actitudinal, procedimental y conceptual) como forma de retro-alimentar el proceso formativo planteado y dio un nuevo enfoque a la evaluación cualitativa al trabajar por criterios de evaluación, logros e indicadores de logro. Hasta la fecha, la evaluación ha sido el factor que ha permitido identificar las falencias del sistema educativo escolar en relación con la formación integral y del aprendizaje; pues se empezaron a cuestionar los resultados educativos a la luz de estos nuevos criterios, logros e indicadores.

En relación con la formación integral empezó a cuestionarse cómo la evaluación podía evidenciar si en realidad en las instituciones educativas se estaba desarrollando un verdadero proceso de formación integral. Los maestros se dieron cuenta que la evaluación no reflejaba el trabajo realizado a nivel del desarrollo de las dimensiones que integran un ser humano: espiritual, intelectiva, socio-afectiva, psico-motriz y comunicativa, dimensiones que permiten el desarrollo del ser, del saber, del saber hacer, del sentir y del expresar. La evaluación era académica (aún lo es) y no permitía saber si en realidad a través de ella podíamos responder a las preguntas claves relacionadas con lo que el educando debe ser, debe saber y debe saber hacer.

Las dimensiones antropológica, axiológica, ético-moral, formativa, bio-psico-social, emocional, espiritual, cognitiva y estética no se veían reflejadas en los procesos evaluativos a pesar de ser trabajadas de buena forma en muchas de las instituciones educativas. Esto generó entonces un nuevo reto a la evaluación y por consiguiente, a las áreas del conocimiento que sólo, desde la academia, evaluaban integralmente el aprendizaje, pero no de igual forma el desarrollo integral del educando (No es lo mismo evaluar la formación integral que evaluar integralmente el aprendizaje).

Un problema parecido apareció en la evaluación integral del aprendizaje. Se asumió que los contenidos de la evaluación serían las actitudes, los procedimientos y los contenidos conceptuales y se consideró que bastaba con evaluar la disposición de los estudiantes frente al aprendizaje, el manejo de los procedimientos en la construcción conceptual y el aprendizaje de contenidos.

Esto dio a entender que, si un estudiante quiere aprender (actitudes), maneja los métodos y las técnicas siguiendo los procesos establecidos (procedimientos) y responde por el contenido del aprendizaje, es un alumno que debe ser promovido; sin darse cuenta que un estudiante queriendo aprender, siguiendo los métodos y aprendiendo lo dado por la escuela, en realidad no aprende significativamente, pues no asume intelectivamente lo aprendido, no sabe hacer nada con lo aprendido y, si sabe hacer algo con ello, esto que sabe hacer no le sirve para nada, pues los contenidos aprendidos en los planes de estudio tradicionales, en realidad no son coherentes ni pertinentes con el saber y saber hacer que demanda la sociedad de hoy de parte de quien aprende.

Por esta razón, iniciando el siglo XXI, empezamos a hablar de *competencias* (hoy entendidas como saber ser, saber pensar y saber hacer en un contexto determinado) y *desempeños*.

Producto de estas reflexiones hoy se sabe que el desarrollo humano, a través de una educación por procesos, la construcción del conocimiento, la formación de líderes transformacionales y la innovación educativa son las tareas de una escuela transformadora que propende por formar nuevos ciudadanos que den respuestas nuevas a las condiciones nuevas del continuo devenir.

Responder a estos retos implica definir claramente quién debe ser el educando (valores, actitudes, comportamientos y dimensiones humanas), qué debe saber (disciplinas, áreas del conocimiento, conceptos claves que debe aprender y aprender a utilizar) y qué debe saber hacer (habilidades, destrezas, competencias y desempeños que debe tener).

Estos factores necesariamente terminaron por evidenciar que nuestras instituciones educativas son academicistas y poco formativas y que los aprendizajes disciplinares de nuestros educandos no son en realidad aprendizajes significativos y que cuanto aprenden nuestros estudiantes no les sirve para desempeñarse en nada por ser estos aprendizajes poco pertinentes con las demandas de calidad educativa esperada por el país. Como resultado de este análisis surge la necesidad de cambiar los estándares curriculares, entendidos estos, no como los contenidos mínimos de las asignaturas de las áreas de los planes de estudio, sino como lo que debe saber y saber hacer un educando dependiendo del nivel escolar que tenga y de su edad cronológica y mental. Estandares de competencias.

Los estándares curriculares entonces permiten integrar varios elementos a la hora de organizar los procesos de enseñanza, respondiendo a las siguientes preguntas:

a.   ¿Cómo generar expectativas, canalizar el interés y motivar a los educandos para cualificar sus procesos de atención y mejorar la disposición hacia el aprendizaje?

   Responder esta pregunta permite *definir los logros e indicadores de logro actitudinales.*

b.   ¿Cómo desarrollar la estructura mental de los educandos, sus inteligencias múltiples, su capacidad intelectiva, sus procesos de pensamiento, sus habilidades mentales, sus funciones cognitivas y su potencial de aprendizaje de tal forma que se desarrollen sus competencias cognitivas básicas interpretativas, argumentativas y propositivas?

Responder a esta pregunta permite definir las metodologías, las estrategias didácticas y las actividades de enseñanza-aprendizaje que desde los *lineamientos curriculares* fundamentan el trabajo pedagógico en las diferentes áreas del conocimiento y el estilo educativo particular de las instituciones educativas.

c.   ¿Cómo cualificar los desempeños (eficiencia, eficacia, efectividad y pertinencia) en los educandos?

Responder a esta pregunta permite definir los métodos, las técnicas, los procesos, los procedimientos, los proyectos y las estrategias para el desarrollo de habilidades y destrezas y formación de hábitos de aprendizaje, estudio e investigación lo que permite definir los *logros e indicadores de logro procedimentales.*

d.   ¿Cuáles son los conceptos que el educando debe saber y saber aplicar? ¿Cómo organizarlos en carteles de alcance y secuencia en los diferentes niveles educativos y cómo permitir a través de una propuesta de estructura conceptual (hilos conductores, ejes generadores, preguntas problematizadoras, ámbitos conceptuales, pautas de secuencia en los ámbitos conceptuales y en los contenidos de las áreas) la construcción del conocimiento por parte de los educandos y la aplicación del mismo en su cotidianidad?

Responder a esta pregunta permite definir *los logros e indicadores de logro conceptuales,* relacionados con los contenidos básicos que deben ser aprendidos y aplicados.

e.   ¿Cómo estructurar los logros actitudinales, procedimentales y conceptuales, las competencias cognitivas básicas, las competencias propias de cada área del conocimiento (relacionadas con las inteligencias múltiples) y los desempeños esperados teniendo en cuenta las edades de los educandos, los niveles escolares, los procesos de pensamiento de los educandos y la psicología del desarrollo, de la personalidad y del aprendizaje?

Responder esta pregunta permite *definir los estándares de competencias curriculares para las áreas.*

En conclusión

a. Los *lineamientos curriculares* fundamentan la acción pedagógica y didáctica y permiten caracterizar filosófica, psicológica, epistemológica, sociológica y pedagógicamente los procesos de enseñanza-aprendizaje al interior de las disciplinas y en las instituciones;

b. *Los logros actitudinales, procedimentales y conceptuales* definen las conductas, comportamientos, habilidades, destrezas y contenidos de los aprendizajes disciplinares que deben adquirir los educandos con niveles de calidad;

c. *Las competencias y los desempenos* permiten aclarar que es lo que los educandos deben saber y saber hacer con eficiencia? eficacia, efectividad y pertinencia;

d. *Los estándares curriculares* de calidad permiten organizar estos lineamientos curriculares, logros e indicadores de logro (actitudinales, procedimentales y conceptuales), competencias y desempeños en una estructura de aprendizaje integral que respete el desarrollo y la madurez bio-psico-social y cognitiva de quien aprende. Esta organización y estructura se hace por ciclos y en ellos se tienen en cuenta la edad cronológica y la edad mental de quién aprende y en ellas (organización y estructura) se definen unos planes de estudio coherentes y pertinentes que respondan a la formación integral individual, pero también a las necesidades de la sociedad y del desarrollo cultural.

Por lo anterior podemos concluir que los estándares curriculares no pueden prescindir de los lineamientos curriculares, ni de los logros actitudinales, procedimentales y conceptuales, ni de las competencias cognitivas básicas, ni de las competencias y desempeños disciplinares. A través de aquéllos (los estándares) estos deben integrarse de forma organizada y estructurada.

BIBLIOGRAFÍA

AHRENS, M. "Parents and Staff Cooperate in System-Wide Improvement", *Educational Leadership, 11, marzo,* 1956.

ALBERTY, H. "Designing Programs to Meet the Common Needs of Youth" en *National Society for the Study of Education, "Adapting* the Secondary School Program to the Needs of Youth", Fifty-second Yearbook, Pt. 1. Univ. Chicago Press.1953.

ALLINSMITH, W. M. y Goethals, G. W. "Cultural Factors in Mental Health: An Anthropological Perspectiva", *Rev. of Educational Research, 26, 1956.*

ANASTASI, A. *Defferential Psychology,* MacMillan, *1958.*

ANDERSON, G. L. *Theories of Behavior and some Curriculum Issues.* Jour. Educ. Psychol., 39, 1948.

APPLE, M. *Ideología y currículum*. Madrid, Akal, 1987.

APPLE, M. *Ideology and Practice in Scholing*. Filadelfia, Temple University Press, 1983.

ARISTIZÁBAL, Arnoldo. "Tesis sobre el currículo y sus relaciones pedagógicas", en la Revista *Educación y Cultura*, CEID-FECODE, No.17, marzo, *1989*.

ARNAZ, José A. *La planeación curricular*. Trillas, México, 1970.

AUSUBEL, D. P. "In Defense of Verbai Learning", *Educational theory, 11,* enero, *1961*.

____________. "Viewpoints from Related Disciplines; Human Growth and *Development Teachers College Record, 60,* febrero, *1959*.

____________. Psicología de la educación: un punto de vista cognoscitivo. Trillas, México, 1980.

BAROCIO, Roberto. *La formación docente para la innovación educativa. El caso del currículo con orientación cognoscitiva*. Trillas, México, 1993.

BARROW, R. *Giving Teaching Bnck to Teachers: A critical Introduction to Curriculum Theorly*. London, The Althouse Press, 1984.

BEAUCHAMP, G. *Curriculum Theory*. Itasca, peacock Pub.1981.

BELLY P., Humberto. "Lineamientos del Ministerio de Educación en el nuevo gobierno de Salvación Nacional en Nicaragua", en *Revista Actualidad Educativa*, Año 2, No. 5, Bogotá, D. C. 1995.

BENNE, K. D. Y Muntyal, B. *Human Relations in Curriculum Change*. Dryden Press, 1951.

BETTELHEIM, B. "Segregation, New Style", *School Rev., 66,* 1958.

BILLINGS, N. *A Determination of Generalizations Basic to the Social Studies Curriculum*, Baltimore, Warwick y York, 1929.

BLOOM, B. S. *The Taxonomy of Objetives*. Longmans, Green, 1954.

BOBBITT, J. F. *How to Make a Curriculum*. Hougthon Mifflin, 1924.

BOSSING, N. R. "Coments on Conant's Recomendations: Curriculum (I)", en _Perspectives on the Conant's Report, Social and Science Research Center,_ Univ of Minnesota, 1960.

BRESSAND, A. y Distler, C. _El mundo del mañana._ Ed. Planeta, Barcelona, 1986.

BRIGGS, L. _El ordenamiento de secuencia en la instrucción._ Buenos Aires, Editorial Guadalupe, 1992.

BRINK, W. G. _Patterns of Curriculum Organization in Large Secondary Schools._ School Rev. 63, 1955.

BRONFENBRENNER, U. _La ecología del desarrollo humano._ Barcelona. Ed. Paidós, 1987.

BRUNER, J. El proceso mental del aprendizaje. Madrid, Narcea. 1978.

__________. "Learning and Thinkign" _Harvard Educational. Rev._ 29, 1959.

__________. _El proceso de la educación._ Uthea, México, 1960.

BRUNER, J. S., GOODNOW, J. J. y AUSTIN, G. A. _Study of Thinking, Willey,_ 1956.

CABALLERO P., Piedad. "Las alternativas educativas en las democracias neoliberales en América Latina", en _Revista Actualidad Educativa_ Año 2, No. 6. Bogotá D. C., 1995.

California Association of Secondary School Administrator, "Procedures for Appraising California Secondary Schools", 2220 Bancroft Way, Berkeley, California, 1955.

CANDAU, Vera María. "Análisis de la realidad latinoamericana. Esbozos de su problemática educativa", en _Revista Actualidad Educativa,_ Año 1, No. 1, Bogotá D. C. 1994.

CAREY, M. E., _Learning Comes Through_ Living, _Educational Leadership._ 1947.

CASWEL, H. L. "Significant Curriculum Issues", *Educational Leadership*, 9, enero 1952.

Caswel, H. L. "Sources of Confusion in Curriculum Theory" en V. E. Herrick y R. W. Tyler, *Toward Improved Curriculum Theory, Suplementary Educational Monograph*, No. 71, Univ. of Chicago Press, 1950.

COFFEY, H. S. y Golden, Jr., "Psychology of Change Within Institutions, en National Society for the Study of Education. In-Service Education for Teachers, Supervisor and Administrator, Fidty- sixth, Pt. I, Univ. of Chicago Press, 1957.

COLL, C. *Psicología y currículum*. Laia, Barcelona, 1987.

COLLINGS, E. *An Experiment whit the Project Curriculum*, MacMillan, 1923.

COOMBS, Ph. *La crisis mundial en la educación. Perspectivas actuales*. Santillana, Aula XXI, Madrid, 1984.

COUNTS, G. S. *Dare Schools Buil a new Social order?* No.11, John Day Pamphlets, John Day, 1926.

CREMIN, L. A. *La transformación de la escuela*. Omeba, Buenos Aires, 1961.

CRONBACH, L. Text *Manterials in Modern Education*, Univ. of Illinois Press, 1955.

Cuadernos de Pedagogía, Número monográfico dedicado al currículum 139, julio- agosto, 1986.

DAVIE, J. S. "Social-Class Factors in School Attendance", *Harvard Educational*. Rev., 23, 1953.

DE BONO, E. The mecanism of mind. Penguin Books, London. 1969.

DE JONGE, Inés. "Educación para el desarrollo en los países latinoamericanos", en Revista Actualidad Educativa, Año 2, No. 7. Bogotá D. C. 1995.

DELCLAUX, I. Y Seoane, R. Psicología cognitiva y procesamiento de la información. Pirámide, Madrid, 1982.

DEWEY, J. _Democracia y educación_, Losada, Buenos Aires, 1928.

____________. _Experiencia y educación_, Losada, Buenos Aires, 1938.

DÍAZ, Ángel. _El currículo escolar: Surgimiento y perspectivas_. Rei, Argentina S. A. Instituto de Estudios y Acción Social. Aique Grupo Editor S. A. 1994.

____________. _Ensayos sobre la problemática curricular_. Trillas, México, 1992.

DOTTRENS, R. _Cómo mejorar_ los _programas escolares. Buenos_ Aires, Kapelusz, 1961.

DOYLE, W. _Research on classroom contexts: Toward a knoledge base for policy and practice in teacher education_. Texas University, Austin, 1982.

DRESSEL, P. "The Meaning and Significance of Integration" en _National Society for the Study of Education, The Integration of Educational Experiences_, Fifty-seventh Yearbook, Pt. III, Univ. of Chicago Press, Cap.1. 1958.

DRIVER, R. "Pupils Alternative Frameworks in Science" en E. Sur. 1. _Sci. Educ._, Vol. 3, 1981.

DURKHEIM, E. _Education and Sociology_, Free Press, 1956.

Educational Policies Commission, The Purposes _of Education in American Democracy_. Washington, D. C. National Education Association, 1938.

ELAM, S. L. "Acculturation and Learning Problems of Puerto Rican Children", _Teachers College Rev._, 61, 1960.

ERIKSON, E. H. _Childhood and Society_, Norton, 1950.

FAUNCE, R. C. y Bossing, N. R. _Developing the Core Curriculum. Prentice-Hall_, 1958.

FAURE, E. _Aprender a ser. La educación del futuro_. Alianza UNESCO, Madrid, 1977.

FEATHERSTONE, W. B. A _Funtional Curriculum for youth_. American book, 1950.

FERGUSON, G. *"On Transfer and the Abilities of Man" en* Canadian jour of psychol., 10, 1956.

FEUERSTEIN, R. Mediated learning experience. Hadassah - Wiso - Canada Research Institute, Jerusalem, 1986.

Feuerstein, R. Studies in cognitive modificability instrumental enrichment redevelopment of cognitive functions of retarded early adolescents. Hadassah - Wiso - Canada Research Institute, Jerusalem. 1978.

FONTÁN, J. P. "La pedagogía prospectiva y el futuro de la educación", en *Sanvisens, A. (et. al.) Introducción a la pedagogía,* Barcanova, Barcelona, 1984.

FRAZIER, A. "Needed: A New Vocabulary for Individual Differences". *Elementary School Jour,* 61, febrero 1961.

FUDASE, "La educación en El Salvador", *en Revista Actualidad Educativa,* Año 1, No. 2. Bogotá, D. C. 1994.

GALLEGO, Rómulo. *Comunidad de educadores. Construcción y dinamización.* Colección pedagógica Siglo XXI. Edición Antropos, Bogotá, D. C. 1992.

GARCÍA, G. J. y Fontán, J. P. *Metamorfosis de la educación. Pedagogía prospectiva.* Edelvives, Zaragoza, 1979.

GERARD, M. W. "The Psychogenic for Education" en *The Goals for Americans,* Prentice-Hall, 1960.

GESELL, A. and ILG, F. L. *La educación del niño en la cultura moderna.* Nova, Buenos Aires, 1943.

GETZELS, J. W. y Jackson, P. *Creativity and Intelligence: Explorations whit Gifted Children,* Willey, 1962.

GILES, H., MacCutcheon, S. P. y Zechiel, A. N. *Exploring The Curriculum,* Harper, 1942.

GIMENO, J. Sacristán *El curriculum: Una reflexión sobre la práctica.* Madrid, Morata, 1991.

______________. *Teoría de la Enseñanza y desarrollo del currículo*. Madrid, Anaya, 1981.

GINSBURG, M. *Reproduction, Contradictions and Conceptions* of *Curriculum in Preservice Teacher Education*. Curriculum Inquiry V. 16, No. 3, 1986.

GOODLAD, J. L. "Toward a Conceptual System for Curriculum Problems". *School Rev.* 66, 1958.

GORER, G. "The Concept of National Character", en C. *Kluckholm, H. Murray y D. Schneider (comps.), Personality in Nature, Society and Culture,* Rev. Ed. Knopf. 1955.

GRUNDY, S. *Producto o praxis del Curriculum*. Morata, Madrid, 1991.

GUILFORD, J. P. "The Structure of Intellect", Psychological Bulletin, 53, 1956.

HALL, J. A. *Organization for Curriculum Improvement, Educational* Leadership, 9. 1952.

HAMMERSLEY, M. *Curriculum practice: Some sociological case studies*. Londres, The Palmer Press, 1983.

HANNA, P. R. "National Curriculum Comission", *Jour. Nat. E'd.* Assoc., 49 enero 1960.

HARLOW, H. F. W."Learning Theories" en W. *Dennis (Comp.) Current Trends in psychological Theory,* Univ. of Pittsburg Press, 1951.

HAVIGHRUST, R. J. *Human Development and Education*. Longmans, Green, 1953.

HAVIGHRUST, R. J. y TABA, H. *Adolescent Character and Personality,* Willey, 1949.

HENDRIX, G. "Learning by Discovery", *Mathematics Teacher,* 54, 1961.

HERNÁNDEZ, Daniel, "El currículo: Una construcción permanente", en la *Revista Educación y Cultura,* CEID-FECODE, No. 30, julio 1993.

HERRICK, V. E. y Tyler, R. W. *Toward Improved Curriculum Theory.* Suplementary Educational Monograph, No. 71, Univ. of Chicago Press, 1950.

HILGARD, E. R. *Introducción a la psicología*. Morata, Barcelona, 1957.

_____________. *Teorías del aprendizaje*. Fondo de Cultura Económica, México, 1956.

HUNT, J. *Inteligence and Experience*. Ronald Press, 1961.

IAFRANCESCO V., Giovanni M. "Aplicación del modelo bidimensional de Tyler en la programación de objetivos y actividades de aprendizaje" *Revista Actualidades Pedagógicas*, Año IX, No. 29, Bogotá, D. C., 1983.

_____________.*Propuesta de modelo curricular personalizado para operacionalizar la Ley General de Educación colombiana* en Revista *Actualidad Educativa*, Año 2, No. 9-10. Bogotá, 1995.

_____________. Aportes a la didáctica constructivista de las ciencias. Libros & Libres, Bogotá. 1997.

_____________. *La gestión curricular: problemática y perspectivas*. Libros & libres, Bogotá, 1999.

_____________. *La investigación en educación y pedagogía: fundamentos y técnicas*. Cooperativa Editorial Magisterio, Bogotá, D.C. 2003.

_____________. *La necesidad de liderazgo en los administradores educativos*, en la *Revista Actualidad Educativa*, Año 3, No.13, Editorial Libros & Libres S. A., Bogotá, D. C., 1996.

_____________. *Nueve problemas de cara* a *la renovación educativa: Alternativas de solución*, CAD. Edilorial Libros & Libres, S. A. Bogotá, D.C., 1996.

_____________. *La educación integral en el preescolar: propuesta pedagógica*. Coorperativa Editorial Magisterio, Bogotá, D.C. 2003.

_____________. *Nuevos fundamentos para la transformación curricular: a propósito de los estándares*. Cooperativa Editorial Magisterio. Bogotá D.C. 2003.

JOYCE, B. R. and WEIL, M. Models of teaching 2ª Ed. Prentice-Hall, Inc. Englewood Cliffs, New Jersey, 1980.

JOYCE, B. R. *Science, The curriculum, and the young conscience.* Elementary School Jour, 61, 1961.

KALBHEN, U., Kruckeberg, F. y Reese, J. *Las repercusiones sociales de la informática.* Fundesco-Tecnos, Madrid, 1983.

KEMMIS, S. *El curriculum: Más allá de la teoría de la reproducción.* Morata, Madrid, 1988.

KILPATRICK, W. H. *Foundations of Methods. Informal Talks* on *Teaching.* MacMillan, 1925.

KRUG, E. *Curriculum Planning,* Harper, 1950.

LAUGLO, J. y McLean, M. *The Control of Education,* Londres, -Heinemann Educational Book, 1982.

LAWLER, M., *Curriculum Consultants at Work,* Teachers College, Columbia Univ. 1958.

LINDGREN, H. S. *Educational Psychology* in *the Classroom,* Wiley, 1956.

LÓPEZ J., Nelson, *Modernización curricular de las instituciones educativas. Los P.E.I. de cara al siglo XXI,* Centro de Apoyo al Docente, Editorial Libros & Libres S. A., Bogotá, D. C., 1996.

LOUGHLIN, C. y Suina, J. *El ambiente de aprendizaje: diseño y organización.* Morata, Madrid, 1987.

LUNDGREN, U. P. *Teoría del currículum y escolarización.* Madrid Morata, 1992.

Luria, A. The working brain. Basic Books, New York. 1973.

MARSHALL, L.C. y Goetz, R. M. *Curriculum-Making in the Social Studies: A Social Process Approach.* Scribner, 1936.

MARTIN, W. E. y Stender, C. B. *Child Behavior and Development.* Rev. Ed. Harcourt, Brace & World, 1959.

MARTÍNEZ, J. M. Aprendo a pensar (para mejorar mi potencial de aprendizaje). Bruño, Madrid, 1995.

_______________. Enseño a pensar. Bruño, Madrid, 1994.

MARTÍNEZ, J. M., BRUNET, J. J., FARRÉS, R. Metodología de la mediación en el P.E.I. (Orientaciones y recursos para el mediador). Bruño, Madrid, 1991.

McGUIRE, C. *The Textown Study of Adolescence*, Texas Jour. of Science, 1956.

McKENZIE, G.N. y Bebell, C. "Curriculum Development", Rev. *Educational Research*, 21. Junio 1951.

MEAD, M. *And Keep Your Powder Dry*, Morrovv, 1942.

MERELLO, A. *Prospectiva. Teoría y práctica.* Guadalupe, Buenos Aires, 1973.

MERRIT, E. y Harap, H. *Trends in the Production of Curriculum Guides*, George Peabody College for Teachers, Nashville, Tenn, 1955.

MINC, A. *El desafío del futuro*, Ed. Grijalbo, Barcelona, 1986.

MINER, J. B. *Intelligence in the United States*, New York, Springer, 1957.

MINISTERIO DE EDUCACIÓN NACIONAL REPÚBLICA DE COLOMBIA. *Decreto 1860*, 1994.

___________. *Fundamentos curriculares*, 1982.

___________. *Planes y programas curriculares*, 1996.

___________. República de Colombia, *Ley 115*, 1994.

MOGAR, M. "Children's Causal Reasoning About Natural Phenomena", *Child Development*, 31, 1960.

MORRISON, H. C. *The Currículum of the Common School*, Univ. of Chicago Press, 1940.

NICKERSON, R. S., Perkins, D., Smith, E. Enseñar a pensar. Paidós, Barcelona, 1987.

NOVAK, J. D. "Constructivismo humano: Un consenso emergente", en *Enseñanza de las Ciencias*, 6 (3), 1988.

OJEMAN, R. H. *The effects of a Casual Teacher Training program and certain Curricular Changes in Grade School Children,* Jour. Exper. Education, 24, 1955.

OLSON, W. C. y Hughes, B. O. *Child Behavior and Development.* McGraw-Hill 1943.

PIAGET, J. *La construcción de lo real en el niño,* Proteo, Buenos Aires, 1954.

_______________.*Psicología de la inteligencia, siglo Veinte,* Buenos Aires, 1950.

PIERCE, P. R. *Developing a High School Curriculum,* American Book, 1942.

PRATT, D. *Curriculum. Design and Development,* New York, Harcourt Brace Jovanovich, Inc. 1938.

PRESCOTT, D. A. *Emotion and Educative Process, Washington* D. C., American Council of Education, 1938.

PRIETO, María Dolores. El potencial de aprendizaje: un modelo y un sistema aplicado a la evaluación. ICE, Univ. Murcia, 1987.

_______________. La modificabilidad estructural cognitiva y el programa de Enriquecimiento Instrumental de R. Feuerstein. Bruño, Madrid, 1989.

REID, W. *Thinking about the Curriculum,* Londres. Routledge and Kegan Paul, 1981.

RODRÍGUEZ, Rafael, "Enfoques curriculares para el siglo XXI", en la *Revista Colombiana de Educación,* CEID-FECODE, No. 30, julio 1993.

ROGERS, C. R. "Toward a Theory of Creativity", en *H. H. Anderson (Comp.), Creativity and Its Cultivation,* Harper,1959.

SANSVISENS, M. A. "Currículum y prospectiva de la educación", en *Sarramona, J. (Ed) Currículum y educación.* Ediciones Ceac, Barcelona, 1987.

SARRAMONA, J. *Currículum y educación,* Ed. Ceac, Barcelona, 1987.

SAYLOR, J. G. y Alexander, W. M. *Curriculum Planning for Better Teaching and Learning,* Rinehart, 1954.

SCHAFF, A. *¿Qué futuro nos aguarda?*, Grijalbo, Barcelona.1985.

SCHUBER, W. *Curriculum: Perspective and Possibility*, New York, MacMillan Publi. Comp., 1983.

SHANE, H. G. *Significants Writings that have Influenced the Curriculum*, Phi Delta Kappan, 1981.

SMITH, B. O., Stanley, W. O. y Shores, H. I *Fundamentos* of *Curriculum Development*, World Book, 1957.

SPINDLER, G. D. *The Transmission of American Culture*, Harvard Univ. Press, 1959.

STENHOUSE, Laurence. *Investigación y desarrollo del currículum, Morata, Madrid*, 1984.

STERNBERG, J. R. Las capacidades humanas. Un enfoque desde el procesamiento de la información. Labor, Barcelona, 1986.

STOREN, H. *Laymen Help Plan* the *Curriculum*, Washington D.C. Association for Supervision and Curriculum Development, 1946.

TABA, H. y COL. *Curriculum Intergroup Relations: Seconddary School*, Washington D. C. American Council on Education, 1949.

_______________.*Diagnosting Human Relations Needs*, Washington D. C.

American Council on Education, 1955.

TABA, H. y ELKINS, D. With *Focus on Human Relations*, Washington D.C. American Council on Education, 1950.

TABA, H. y NOEL, E. *Action Research: A Case Study*, Association for Supervisor and Curriculum Directors, Washington D. C. 1957.

TABA, H., BRADY, E. y ROBISON, J. *Intergroup Education in Public Schools*, Washington D. C. American Council on Education, 1952.

TABA, HILDA, *Elaboración del currículo, teoría y Práctica*, Ed. Troquel, Buenos Aires, Novena Edición, 1991.

____________. *Elaboración del currículo, teoría y práctica,* Ed. Troquel, Buenos Aires, Novena edición, 1991. Revisión de la parte ll: "El proceso del planeamiento curricular" Capítulos 13 al 20, págs. 255 a 495.

____________. *Elaboración del currículo, teoría y práctica.* Ed. Troquel, Buenos Aires, 1974.

TANNER, D. y TANNER, L. *Curriculum Development. Theory into practice,* New York, MacMillan *Pub Co.* 2ª Ed. 1980.

THOMPSON, M. A. "The Levels of Educational Objectives", *Harvard Educational Rev.,* mayo 1943.

TOFFLER, A. *La tercera ola,* Plaza y Janés, Barcelona. 1980.

TORRES, Jurjo. *El currículum oculto,* Madrid Morata, 1992.

TOULMIN, S. "La comprensión humana", en *El uso colectivo y la evolución de los conceptos,* Vol 1. Alianza, Madrid, 1977.

TRYON, C. y Lilienthal, J. lll. "Development Tasks: The Concept and Its Importance", en *Association for Supervisors and Curriculum Directors, Fostering Mental Health in Our* Schools, Washington D. C., 1950.

TYLER, R. W. *Basic Principles of Curriculum Development,* Univ. of Chicago Press, 1950.

Tyler, R. W. *Principios básicos del currículum,* Buenos Aires, Troquel, 1973.

VIAREQUE, Alfonso y Torrejón, Armando. "Análisis de la realidad educativa boliviana", en *Revista Actualidad Educativa,* Año 2, No.9. Bogotá, D. C. 1995.

VYGOTSKY, L. S. *El desarrollo de los procesos psicológicos superiores, Crítica,* Barcelona, 1989.

WARD, V. S., "The Function of the Theory in Programs for the Gifted", *Teachers College Rev., 62,* abril 1962.

WEBER, E. *Estilos de Educación,* Rev. Ed. Harper, 1959.

WERTHAM, F. *Seduction of the Inonocent,* Rinehart, 1953.

WERTHEIMER, M. *Productive Thinking,* Barcelona, Herder, 1976.

WITKIN, H. Estilos cognitivos. Morova, Madrid, 1984.

WRIGHT, G. S. *Block Time Classes and the Core Program in the Junior High School,* Bulletin No. 6, U. 0S. Office of Education, Washington, D.C. G.P.0.1958.

WRIGHT, G. S. Core *Curriculum Development: problems and Practices,* Bulletin No. 6, U.S. Office of Education, G.P.O.1958.

WRIGHT, G. S. *Sociology and School knowledge,* Londres. Methuen. 1985.

El autor

GIOVANNI MARCELLO
IAFRANCESCO VILLEGAS

Orientador Familiar del Instituto de Ciencias de la Educación ICE de la Universidad de Navarra, Pamplona, España. Licenciado en educación con especialidad en Biología y Química y Magister en Docencia Universitaria de la Universidad de La Salle, Colombia. Doctorado en Educación (Candidato) con énfasis en Currículum de Newport University, Newport Beach, California, USA. Especialista en Pedagogía y en Educación Ambiental de la Universidad El Bosque, Colombia. Especialista en Investigación Educativa y Social del Programa Interdisciplinario de Investigación en Educación PIIE de la Universidad Santiago de Chile, Chile. Especialista en Gestión Estratégica y Estructura Organizacional de la Universidad de California, Berkeley, California, USA. Especialista en Gestión Pedagógica y Curricular de la Universidad Santa María La Antigua, Ciudad de Panamá, Panamá. Con cursos de actualización en: Pedagogía para la comprensión en Harvard University, Cambridge, Massachusetts, USA; Estrategias didácticas para la enseñanza en Saint

Mary´s University of Minnessota, Winona, Minissota, USA; Actividades didácticas para el reforzamiento del potencial de aprendizaje en Editorial Bruño, Madrid, España.

Autor de los libros: *Proyecto Pedagógico para el preescolar: Enfoque integral individuo-ambiente; Nueve problemas de cara a la renovación educativa: alternativas de solución; Aportes a la didáctica constructivista de las ciencias naturales; La investigación Pedagógica: una alternativa para el cambio educacional; La gestión curricular: problemática y perspectivas; Nuevos fundamentos y contextos para el desarrollo educativo y pedagógico; Pedagogía ambiental: un camino al desarrollo municipal; Aportes pedagógicos al proceso de acreditación de las instituciones educativas; La educación integral en preescolar: propuesta pedagógica; La investigación educativa y pedagógica: fundamentos y técnicas; Los cambios en educación: perspectiva etnometodológica; Nuevos fundamentos para la transformación curricular: a propósito de los estándares.*

Autor de más de 110 artículos en educación, pedagogía, didáctica de las ciencias, currículo, evaluación, administración educativa.

Docente-Investigador y director de proyectos de investigación en postgrados de universidades colombianas, entre ellas U. De La Salle, U. Santo Tomás de Aquino, U. del Bosque, U. de San Buenaventura.

Actualmente: Profesor Distinguido de la Universidad de La Salle de Bogotá, Colombia; Consultor de la Organización de Naciones Unidas ONU en el Programa de Naciones Unidas para el Desarrollo PNUD en la transformación integral del sistema educativo de la República de Panamá. Asesor curricular en la Universidad Nacional de Colombia. Autor de la propuesta de Escuela Transformadora para Latinoamérica y director de esta serie en la Editorial Magisterio. Rector del Gimnasio Los Andes. Experto invitado por el MEN para la construcción de los estándares curriculares en ciencias (socio-naturales).